GRILLEN

Besten Und Leckersten Grillrezepte Für Den Sommer

(Grillrezepte Aus Aller Welt Für Fleisch, Fisch, Gemüse, Beilagen, Saucen Und Vieles Mehr!)

Angelika Bachmeier

Herausgegeben von Alex Howard

© **Angelika Bachmeier**

All Rights Reserved

Grillen: Besten Und Leckersten Grillrezepte Für Den Sommer (Grillrezepte Aus Aller Welt Für Fleisch, Fisch, Gemüse, Beilagen, Saucen Und Vieles Mehr!)

ISBN 978-1-77485-037-4

☐Copyright 2021 - Alle Rechte vorbehalten.

Dieses Dokument zielt darauf ab, genaue und zuverlässige Informationen zu dem behandelten Thema und Themen bereitzustellen. Die Publikation wird mit dem Gedanken verkauft, dass der Verlag keine buchhalterischen, behördlich zugelassenen oder anderweitig qualifizierten Dienstleistungen erbringen muss. Wenn rechtliche oder berufliche Beratung erforderlich ist, sollte eine in diesem Beruf praktizierte Person bestellt werden.

- Aus einer Grundsatzerklärung, die von einem Ausschuss der American Bar Association und einem Ausschuss der Verlage und Verbände gleichermaßen angenommen und gebilligt wurde.

Es ist in keiner Weise legal, Teile dieses Dokuments in elektronischer Form oder in gedruckter Form zu reproduzieren, zu vervielfältigen oder zu übertragen. Das Aufzeichnen dieser Veröffentlichung ist strengstens untersagt und jegliche Speicherung dieses Dokuments ist nur mit schriftlicher Genehmigung des Herausgebers gestattet. Alle Rechte vorbehalten.

Die hierin bereitgestellten Informationen sind wahrheitsgemäß und konsistent, da jede Haftung in Bezug auf Unachtsamkeit oder auf andere Weise durch die Verwendung oder den Missbrauch von Richtlinien, Prozessen oder Anweisungen, die darin enthalten sind, in der alleinigen und vollständigen Verantwortung des Lesers des Empfängers liegt. In keinem Fall wird dem Verlag eine rechtliche Verantwortung oder Schuld für etwaige Reparaturen, Schäden oder Verluste auf Grund der hierin enthaltenen Informationen direkt oder indirekt angelastet.

Der Autor besitzt alle Urheberrechte, die nicht beim Verlag liegen.

Die hierin enthaltenen Informationen werden ausschließlich zu Informationszwecken angeboten und sind daher universell. Die Darstellung der Informationen erfolgt ohne Vertrag oder Gewährleistung jeglicher Art.

Die verwendeten Markenzeichen sind ohne Zustimmung und die Veröffentlichung der Marke ist ohne Erlaubnis oder Unterstützung durch den Markeninhaber. Alle Warenzeichen und Marken in diesem Buch dienen nur zu Erläuterungszwecken und gehören den Eigentümern selbst und sind nicht mit diesem Dokument verbunden.

Inhaltsverzeichnis

Vorwort 1

Leckere Dipps, Grillsaucen und Marinaden 9

Ketchup.. 11

Piadine vom Grill.. 13

Anschließend von beiden Seiten für fünf Minuten auf dem Grill lassen. BBQ Garnelen in Honig - Senf - Sauce 14

Beef-Burger.. 15

Lammschaschlik 17

Zappes 18

Grillbrot 20

Barbecue Sauce 21

Barbecue-Dip (Vegan) 22

Curry-Mayonnaise 24

Limoncello 26

Toast mit Käse und Tomaten 27

Feurige Kartoffelspieße vom Grill..................... 28

Gegrillte Kalbsrouladen..................................... 29

Grillmarinade 30

Orangen Chutney.. 31

Senfmarinade 33

Cheeseburger	34
BBQ-Marinade	36
Gefüllte Pilze mit Schafskäse vom Grill	37
Mediterrane scharfe Sauce	38
Gegrillte Tortillias mit Blauschimmelkäse und Steakstreifen	39
Thunfischsteak	41
Mirkos Spicy Guacamole	42
Chutney auf Tomatenbasis	43
Hacksteaks mit Tsatziki	44
Mexikanisches Skïrt-Steak	46
Kürbis-Chutney	48
Feta vom Grill	49
Knoblauchmus mit Thymian	50
Schafskäse-Tomaten-Päckchen	51
Amerikanischer Burger	52
BBQ-Grillsauce	54
Pikante Hähnchenbrustfilets	56
Sirloin-Steak mit Brokkoli	57
Hummus	59
Gegrillte Zucchini	60
Würzige Pommes vom Grill (vegan)	61
Spareribs mit Partyglasur	62
Türkische Pirzola	64

Brokkolisalat mit gebratenen Kichererbsen 66
Bärlauchpesto 68
Pikante Süßkartoffelscheiben vom Grill 69
gegrillter Hummer mit Safran 70
Pfeffersteaks mit Grilltomaten 71
Würstchenplatte mit Zwiebelsahne-Sauce 73
Kichererbsen-Feta-Salat 75
Eingelegtes Fleisch für den Grill 76
Puten-Ananas-Burger 77
Chilikoteletts 78
Kalbfleischröllchen mit Tunfisch-Sauce 80
Schweinemedallions mit Orangen-Feldsalat 82
Avocado-Birnen-Sellerie-Salat 84
Flank-Steak-Rolle mit Ananas-Tomaten-Salsa vom Grill
 85
Chickenburger Teriyaki Style 87
Orangen-Rehmedaillons 89
Gegrillte Haifischsteaks 90
Schweinefleisch-Sandwich 92
Möhren-Käse-Salat 95
Hähnchenbrust mit Tzatziki 96
Tofu mit Kurkuma-Sojamarinade 98
Eingelegtes Gemüse und Schafskäse zum Grillen 99
Oliven-Ciabatta 100

Gegrillte Hähnchenspieße 101
Lachsspieße mit zweierlei Butter 103
Putenschnitzel mit Quinoa-Bohnen-Salat 105
Pilz-Möhren-Spieße 107
Steak - Grill – Butter 108
Joghurt-Dip mit Knoblauch 109
Gegrillte Kräuter-Forellen / Heringe 110
Seitan Grillwurst 112
Lachsspieße 114
Fenchel-Orangen-Spieße 116
Marinierte Dorade vom Grill 117
Knoblauch - Soja - Marinade zum Grillen 119
Cevapcici (Kroatien) 120
Eingelegtes Grillgemüse 121
Leckere Obst Spieße (Vegan) 122
Heilbuttfilets im Speckmantel 123
Feta-Auberginenstreifen 125
Banane mit Honig und Mandeln vom Grill 126
Gegrillte Auberginen (Argentinien) 127
Gegrillter Halloumi mit Chili-Basilikum-Salsa 128
Feta-Auberginen Sandwich 129
Kartoffeln mit Kräutersoße 131
Philippinisches BBQ (Philippinen) 132

Bunter Sommersalat	133
Veganer Makkaronisalat mit Mandeldressing	134
Gerösteter Fenchel vom Grill	136
Gegrillte Kürbisblüten mit Chili und Parmesan	137
Saftiges Pulled Pork	139
Klassischer Nudelsalat	141
BBQ Garnelen in Honig - Senf - Sauce	143
BBQ Garnelen in Honig - Senf – Sauce	144
Köfte	146
Der Klassiker: Kartoffeln vom Grill	147
Leckerer Chefsalat	148
Gegrillter Karpfen	150
Tomatenbrot	151
Feurige Kartoffelspieße vom Grill	152
Feurige Kartoffelspieße vom Grill	153
Freekeh-Salat	155
Mini Ananas Pizzen	157
Herrlicher Lachs	159
Paprika-Dipp	160
Mediterrane scharfe Sauce	161
Lamm-Kebabs mit Joghurtsauce	163
Asia-Hähnchenflügel	165
Knoblauchmus mit Thymian	166

Kürbis vom Grill 168

Piratensteaks mit Rum 168

Gegrilltes Hähnchen Buscetta 172

Fajita Spieße 174

Gefüllte Schweinesteaks 175

Kartoffel-Speck-Spieße 177

Japanischer gegrillter Lachs mit Teriyaki - Soße 178

Gurken – Salsa 180

Karamellisierte Pfirsiche 181

Walnuss-Bananen-Eisbecher 183

Ananas mit Erdbeersahne 185

Schokosandwiche 187

Eis mit gegrillten Aprikosen 189

Vorwort

Das allerbeste am Gasgrillen ist: es ist quasi Jahreszeiten unabhängig. Natürlich werden nur die ganz Hartgesottenen bei Minusgraden im Schnee am Gasgrill stehen, aber es ist möglich, man muss allerdings wissen, dass bei Temperaturen unter 0 Grad Celsius nur Propangas noch gasförmig ist. Butangas kann nur im Bereich über 0°C verwendet werden, da es sich bei niedrigeren Temperaturen verflüssigt.

Die geschmacklichen Unterschiede zwischen einem auf Holz(kohle) oder Gas gegrillten Stück Fleisch sind wenig spürbar. Einzig bei Gerichten, die ein längeres Grillen erfordern, ist ein leichter Unterschied schmeckbar, da Holz(kohle) trockener verbrennt und beim Gasgrill Kondensationsflüssigkeit entsteht, die den Geschmack des Fleisches verändert.

Beim Grillen auf dem Gasgrill entstehen keine Gerüche durch Verbrennung von Holz oder Holzkohle oder gar Feueranzündern. Ruß- und Qualmbelastung sind nicht vorhanden, und so ist der Gasgrill besser für eine dicht besiedelte Umgebung geeignet.

Der Gasgrill läßt sich auf eine gleichbleibende Temperatur regulieren, so dass Nachlegen entfällt und die optimale Temperatur ohne Mühe beibehalten wird.

All diese Argumente werden den Fan vom Grillen auf offenem Feuer nicht im Geringsten erschüttern, da scheiden sich eben die Geister. Obwohl sogar der rauchige Geschmack von über Holz Gegrilltem mit Gas zu erreichen ist. Dazu später mehr.

Der Gasgrill ist, einmal installiert, eine schnelle Sache: anschalten und Grillen. Das Grillen auf Holz(kohle) erfordert mehr Zeit in der Vorbereitung und auch mehr Aufmerksamkeit während des Grillvorganges, da je nach Hitze der Glut, das Grillgut eventuell verbrennt.

In der Anschaffung ist ein Gasgrill teurer als ein Holzkohlengrill, aber im Unterhalt ist es umgekehrt. Gas kann man für ca 20€/10kg kaufen, wohingegen ein Sack Holz oder Holzkohle mit ca 6€ zu Buche schlägt und schnell verbraucht ist. Die Gasflasche hält eine gefühlte Ewigkeit (eine genaue Angabe ist schwer möglich, da das natürlich von den Betriebsstunden bei jedem Einsatz und der Häufigkeit der Einsätze abhängt) und natürlich macht es Sinn, immer eine Ersatzflasche parat zu haben.

Beim Kauf eines Gasgrills sollte man wissen, was einem wichtig ist. Modelle mit mehreren Brennern sind naturgemäß größer als Modelle mit nur einem Brenner.

Mehrere Brenner bedeuten unterschiedliche Heizzonen. Möchte man einen backburner? Einen Drehspieß mit oder ohne Korb? Eine Sizzle Zone? Die einzelnen Accessoires werden weiter unten im Buch erklärt.

Alles rund um den Gasgrill

Bei einem neuen Gasgrill (wie auch bei einem Holzkohlengrill) ist es wichtig, diesen frei zu brennen. Diese Maßnahme brennt Rückstände vom Grill, sodass diese nicht am Grillgut anhaften und dieses schädigen. Dieser Vorgang ist absolut wichtig, da nur so alle Überbleibsel aus Produktion und Transport verschwinden (Plastikreste, Fette.)… Freibrennen geschieht langsam. Mehr zum Freibrennen weiter unten im Text.

Gasflasche installieren

Beim Kauf eines Gasgrills ausländischer Herkunft muss man auf die Art der Anschlüsse achten. Es ist zwar kein Problem, Adapter zu bekommen, jedoch bedeutet dies zusätzliche Kosten und Zeit bis der Grill zum ersten Mal angeworfen werden kann. Ist die Gasflasche da, kann angeschlossen werden (Linksgewinde, also andersherum drehen als gewohnt). Die meisten Gasgrills haben sogenannte Piezo-Zünder. Man entzündet die Flamme eines Brenners indem man den

Piezo-Zünder drückt (meist ist es ein roter Knopf). Somit entfällt das lästige Suchen von Streichhölzern oder Stabfeuerzeug.

Freibrennen und Einbrennen

Nachdem die Gasflasche oder Leitung angeschlossen und aufgedreht ist unbedingt den Deckel öffnen. Entweichendes Gas könnte sich sonst unter dem Deckel sammeln und wenn man dann den Deckel öffnet und sofort eine Flamme entzündet, kommt es zu einer großen Verpuffung, die eventuell Schaden anrichten kann. Natürlich sind im Normalfall alle Dichtung funktionstüchtig und es passiert rein gar nichts - aber: Vorsicht ist der Vater des Gasgrills. Das Freibrennen erfordert Geduld. Die langsame Vorgehensweise ist wichtig, um Risse im Material zu vermeiden. Zunächst wird ein Brenner auf kleinster Stufe angezündet. Die anderen Brenner werden nach und nach dazu geschaltet - immer etwas mehr als eine Minute pro Brenner Zeit geben bis der nächste Brenner angezündet wird. Alle auf kleinster Flamme. Wenn alle Brenner auf kleinster Stufe laufen, erhöht man bis auf maximale Brennkraft über einen Zeitraum von ca 10 Minuten. Alle Brenner brennen jetzt mit maximaler Leistung für ca 20/30 Minuten. Hierbei entstehen Temperaturen von um die 300°C. Spannung im Metall und Produktionsrückstände sollten danach der Vergangenheit angehören. Beim Runterfahren gelten

die gleichen Regeln wie beim Hochfahren: Geduld. Über einen Zeitraum von ca 15 Minuten alle Brenner sukzessiv herunterfahren. Keine schnellen Aktionen.
Hat der Gasgrill Platten, Pfannen oder Roste aus Gusseisen, so müssen diese eingebrannt werden. Hierfür werden die Teile mit Sonnenblumen- oder Rapsöl eingerieben und danach auf den Brenner gelegt. Das Gusseisen nun möglichst stark erhitzen, so dass sich Patina bildet, welche das Eisen vor Rost schützt. Auch das muss nicht in Hektik geschehen. Sobald die Teile qualmen mit behandschuhten Händen (Topflappen könnten bei den hohen Temperaturen kapitulieren) vom Feuer nehmen und abwischen. Den gesamten Vorgang vom Einölen bis zum Abwischen 3 Mal wiederholen, dann sind die gusseisernen Anteile des Grills geschützt und Einsatz bereit.

Heizzonen des Gasgrills

Bei einem Gasgrill höherer Qualität gibt es meistens mehrere Heizzonen. Dies ist sinnvoll, will man verschiedene Fleischstücke oder auch Gemüse zeitgleich zubereiten. Das Gemüse kann bei niedriger Hitze vor sich hin simmern, während das Steak kräftig gegrillt wird. Verfügt man über die nötigen finanziellen Mittel und ist ein wirklicher Grillfan, bzw möchte einer werden, dann macht es Sinn, in die volle Ausstattung zu investieren.

Verschiedene Heizzonen erlauben eine größere Bandbreite an Gerichten und Garmethoden - so einfach. Man kann Gemüse sanft garen, Fleisch scharf anbraten, die Würstchen warm halten und wenn man für eine größere Gesellschaft grillt, macht das Sinn. Außerdem können größere Grillflächen für das indirekte Grillen genutzt werden.

Beim direkten Grillen sind eine hohe Temperatur (220° bis 300°C) und kurze Garzeit Satz. Der Deckel des Gasgrills bleibt dabei offen. Fleisch mit einer kurzen Garzeit wird mehrfach gewendet und ist in ca 10 Minuten fertig. Beim Wenden ist zu beachten, dass man nicht mit einer Gabel durch bereits geschlossene Poren stechen sollte, denn dann trocknet das Grillgut aus. Vielmehr benötigt man eine Grillzange um die Fleischstücke zu wenden.

Beim indirekten Grillen kommen niedrigere Temperaturen (bis zu 200°C) und eine längere Garzeit ins Spiel. Das Grillgut wird hierbei über einem ausgeschalteten Brenner platziert. Die anderen Brenner werden so eingestellt, dass das sich im Deckel befindliche Thermometer bei geschlossenem Deckel die gewünschte Temperatur anzeigt. So funktioniert der Gasgrill wie ein Backofen in Umluftstellung, und es können auch Brote, Kuchen und andere Ofengerichte zubereitet werden.

Der backburner und die Sizzle Zone sind vom Prinzip her das Gleiche, nämlich ein Infrarotbrenner, allein die Position ist eine andere. Der backburner sitzt im hinteren Bereich des Grills und strahlt in Richtung Grill. Die Sizzle Zone ist unter dem Grillrost eingebaut und verströmt ihre bis zu 800°C nach oben.

Der backburner ist eigentlich nur sinnvoll in Zusammenarbeit mit einer Rotisserie - einer Drehspießvorrichtung also. Und wenn man schon dabei ist, kann der Drehspieß auch mit einem Korb bestückt werden, in dem man dann Popcorn oder Pommes frites zubereitet.

Die Sizzle Zone dient dem starken Anbraten von Grillgut. Wer also ein Fan von perfekten Steaks ist, kommt um eine Sizzle Zone eigentlich nicht herum. Heruntertropfendes Fett kann schon mal eine Stichflamme produzieren, das ist aber das geringere Problem. Das eigentliche Problem hierbei sind die krebserregenden Substanzen, die frei gesetzt werden beim Verbrennen von Fett. Es handelt sich um Polyzyklischen aromatischen Kohlenwasserstoff (PAK), der frei wird, wenn Fett in die Flamme tropft. Auch beim Grillen auf Gas ist man davor nicht zu 100% sicher. Der bläuliche Dampf, der dann von der Flamme aufsteigt und sich um das Grillgut legt, ist im Tierversuch krebserregend.

Und was ist eigentliche ein beefer?

Der beefer ist die Sizzle Zone - auf den Kopf gestellt. Es ist ein eigenständiges, nicht ganz günstiges Gerät, welches zum Grillen von Steaks ideal ist. Die Hitze (800°C) kommt von oben und so tropft das Fett aus dem Grillgut nicht in die Flamme, wo es krebserregende Substanzen erzeugt und außerdem verloren ist. Beim beefer tropft das austretende Fett in eine Fettpfanne, so dass man es zum Zubereiten einer Sauce verwenden kann. Steaks werden im Handumdrehen perfekt zubereitet hat man einmal den Dreh raus, was die Verweildauer im beefer angeht.

Grilltipps und 10 Rezepte für Vegetarier

Vegetarisch grillen ist einfacher als man glaubt. Es bieten sich hierzu zahlreiche Alternativen an, egal ob es sich dabei um Spieße, Gemüse oder um gegrillten Feta handelt.

Beim Grillen von Gemüse ist allerdings empfehlenswert, die Lebensmittel nicht vorher zu salzen, da sie ansonsten viel zu weich werden. Auch sollte beim vegetarischen Grillen die Ware nicht mitten auf den Rost gelegt werden, sondern an den Rändern, wo die Hitze nicht so direkt und stark ist.

Leckere Dipps, Grillsaucen und Marinaden

Grundsätzlich wird zwischen vier verschiedenen Marinaden unterschieden. Ölmarinaden werden aus Pflanzenöl und verschiedenen Kräutern und Gewürzen hergestellt und eignen sich besonders zum Einlegen von rohem Grillgut und zum Bestreichen während des Grillens. Saure Marinade bestehen aus ein wenig Öl, Weißwein oder Weinessig sowie Kräutern und Gewürzen. Durch saure Marinaden wird das Fleisch wunderbar zart. Pasten werden ähnlich wie Ölmarinaden hergestellt, jedoch wird weniger Ölverwendet. Die Kräuter-Gewürz-Paste bleibt beim Marinieren besser am Fleisch haften. Trockenmarinaden sind Mischungen aus zerstoßenen Kräutern und Gewürzen, die auf das Fleisch gestreut werden und sich mit dem Fleischsaft zu einer Beize verbinden. Wer zum Grillen sein Fleisch einmal selber in würzige Marinade eingelegt hat, wird keine fertig eingelegten Steaks mehr kaufen wollen. Neben dem besseren Geschmack ist ein weiterer Vorteil von Marinaden, dass viele Kräuter wie Salbei, Rosmarin, Oregano und Thymian sowie Zwiebeln, Knoblauch, Senf oder auch Bier krebserregende Giftstoffe, die beim Erhitzen von Eiweiß entstehen, zu einem Großteil neutralisiert. Das Grillgut sollte während des Marinierens im Kühlschrank aufbewahrt werden. Die

Dauer des Marinier Vorganges hängt dabei von der Größe der Grillstücke und der gewünschten Geschmacksintensität ab. Große Fleischstücke werden bis zu drei Tage mariniert. Vor dem Grillen muss die Marinade so weit abgetupft werden, dass sie nicht in die Glut tropft.

Ketchup

ERGIBT ETWA 1 GLAS
VORBEREITUNGSZEIT: 15 MIN.
ZUBEREITUNGSZEIT: 30 MIN.

1½ kg Tomaten
90 ml Rapsöl
100 ml Apfelessig
100 g brauner Zucker
1 Knoblauchzehen, geschält und gehackt
5 Sonnengetrocknete Tomaten, fein gehackt
2 Zwiebel, fein gewürfelt
1 EL Salz

ZUBEHÖR:
PÜRIERSTAB
EINMACHGLÄSER

Tomaten vierteln. Beiseitestellen.

2 EL Rapsöl in einer tiefen Pfanne bei mittlerer Hitze erhitzen, Zwiebel dazu geben. Für 2 Min. anbraten, dann die Sonnengetrocknete Tomaten und Knoblauch hinzufügen und etwa 5 Min. anschwitzen lassen. Tomatenviertel, Zucker und Apfelessig hinzufügen. Mischung unter konstantem Rühren 30 Min. einkochen lassen.

Mischung mit einem Pürierstab und dem restlichen Öl auf höchster Stufe zu einer cremigen, glatten Masse pürieren. Abgefüllt in einen luftdichten Behälter hält sich der Ketchup bis zu 1 Woche im Kühlschrank.

Eistee

7 EL Limettensirup
2 Handvoll Minze, fein gehackt
8 Kardamomkapseln, im Mörser fein gerieben
7 Limetten, gepresst
1 Zimtstange
6 Sternanis
10 EL Rohrzucker
2 Liter Wasser

In einem Topf den Limettensaft, die Kardamomkapseln, die Zimtstange und den Sternanis in 2 Liter Wasser aufkochen. Dann die Minze dazugeben und für ca. 15 weitere Minuten durchziehen lassen. Den Zucker hinzugeben. Abkühlen lassen und mit Limettensirup abschmecken.

Für etwa eine Stunde im Kühlschrank kaltstellen.

Piadine vom Grill

Dauer: 20 Minuten

Portionen: Für acht Personen

Zutaten:

350ml lauwarmes Wasser
1 Würfel Trockenhefe
1 Prise Zucker
600g Weizenmehl
3 Esslöffel Olivenöl
1 Esslöffel Salz

So wird es gemacht:
Alle Zutaten in eine Schüssel oder in einen Mixer geben und zu einer homogenen Masse verarbeiten. Die Masse für 30 Minuten zugedeckt ruhenlassen. Anschließend die Hände leicht anfeuchten und aus der Masse kleine Kugeln formen und diese dann leicht ausrollen. Die ausgerollten Piadine für weitere 30 Minuten ruhenlassen.

Anschließend von beiden Seiten für fünf Minuten auf dem Grill lassen.

BBQ Garnelen in Honig - Senf - Sauce

Zutaten

500 gRiesengarnelen
4 ELAhornsirup oder Honig
1 ELmittelscharfer Senf
1 ELTomatenmark
2 ELSojasauce
1 TL, gestr.Chilipulver
1 TLOregano
1 TL, gestr.Paprikapulver, süß
2 TL, gestr.Knoblauchpulver
1 ELÖl
1 ELEssig oder Balsamico
Salz und Pfeffer

Zubereitung

Waschen Sie die Garnelen.

Alle restlichen Zutaten miteinander vermischen und glattrühren und die rohen Garnelen darin etwa 30 Minuten ziehen lassen.
Anschließend die Garnelen samt der Marinade auf Spieße stecken und von beiden Seiten grillen.

Beef-Burger

Zutaten:
200 g Rindertartar
1 Möhre
1 Tomate
1 Scheibe Gouda
4 Toast
100 g Magermilchjoghurt
150 g Chinakohl
1 TL Öl
1 TL Senf
Chilisauce
etwas Zucker
Salz
Pfeffer

Zubereitung:
Zuerst das Fleisch mit etwas Chilisauce verfeinern uns mehrere Buletten anfertigen.

Dann die Möhre und den Chinakohl putzen und zerkleinern.

Als nächstes den Joghurt mit Salz, Pfeffer, Senf und etwas Zucker anreichen uns die Möhren und den Chinakohl beigeben

Aus dem Toast runde Scheiben formen und leicht anbraten.

Buletten mit Öl bestreichen und kurz anbraten
gelegentlich wenden und würzen

Gouda auf Buletten verteilen

Salat, Tomatenscheiben, und Buletten belegen zwischen 1 Toastscheiben legen

Lammschaschlik

Zutaten:
300 g Lamm
1 Knoblauchzehe
4 EL Schmand
4 EL Olivenöl
1 Zitrone
24 Lorbeerblätter
etwas El Ajvar
Salz
Pfeffer

Zubereitung:
Lamm in mundgerechte Stücke scheiden.
Lamm, Zitronenstückchen und Lorbeerblätter auf Spieße verteilen
Knoblauch pressen und mit etwas Olivenöl vermengen
Spieße mit Knoblauchöl bepinseln
Schmand und El Ajvar vermengen
Schmand und Lammspieße würzen
Spieße 10 Minuten angrillen

Zappes

Dauer: 15 Minuten

Portionen: 1 Glas

Zutaten:

6 EL Honig
8 EL Tomatenketchup
2 EL Zitronensaft
2 EL Sojasauce
2 EL Worcestersauce
2 EL Öl
1 TL Basilikum
1 TL Thymian
1 TL Rosmarin
1 TL Estragon
1 TL Kerbel
1 TL Majoran
1 TL Currypulver
1 TL edelsüßes Paprikapulver
1 TL Cayennepfeffer
1 EL Petersilie
1 EL Schnittlauch
1 EL Dill
3 Knoblauchzehen

So wird es gemacht:

Petersilie waschen, abtropfen lassen und fein hacken. Schnittlauch waschen, abtropfen lassen und fein hacken. Dill waschen, abtropfen lassen und fein hacken. Knoblauch schälen, waschen und fein hacken.
Nun alle Zutaten in einen Mixer geben und fein pürieren.
Den Inhalt in ein Glas umfüllen und für mehrere Stunden im Kühlschrank lagern.

Grillbrot

Dauer: 55 Minuten

Portionen: Für vier Personen

Zutaten:

500g Mehl
250ml Wasser
10g Salz
40g Hefe

So wird es gemacht:

Alle Zutaten in eine Schüssel geben und zu einer homogenen Masse vermengen. Den Teig für 30 Minuten zugedeckt ruhenlassen.
Hände leicht anfeuchten und aus dem Teig vier Fladenbrote formen. Fladenbrote für 20 Minuten zugedeckt ruhenlassen.
Fladenbrote auf dem Grill für einige Minuten anbraten.

Barbecue Sauce

Zutaten:
1 Zwiebel
2 EL Olivenöl
2 Knoblauchzehen
300 g Tomaten
1 rote Paprikaschote
Paprikapulver
1 EL abgeriebene Schale einer Zitrone
1 EL Essig
1-2 EL Honig
Prise Pfeffer und Salz

Zubereitung:

Die Zwiebel und den Knoblauch fein hacken und in einem Topf mit Olivenöl dünsten. Die Tomaten überbrühen, enthäuten und entkernen, mit in den Topf geben und weiterdünsten. Die Paprika in Streifen schneiden und ebenfalls in den Topf geben. Mit den Gewürzen abschmecken, 10 Minuten köcheln lassen und fein pürieren.

Barbecue-Dip (Vegan)

Zutaten für 4 Personen:

200 g passierte Tomaten
25 ml Apfelessig
1 TL Sojasauce
1 EL Worcestersauce
1 Knoblauchzehe
1 EL brauner Zucker
1 EL Tomatenmark
2 EL Ahornsirup
1 EL Olivenöl
2 TL gemahlenen Kreuzkümmel
Salz und Pfeffer
Chilipulver

Zubereitung:

Knoblauch schälen und fein hacken. In einem Topf Öl erhitzen und den Knoblauch darin andünsten. Passierte Tomaten, Tomatenmark, Zucker, Kreuzkümmel, Salz, Pfeffer, Chilipulver und Ahornsirup dazugeben.
Alles gut verrühren und aufkochen lassen. Danach ca. 30 Minuten leicht köcheln lassen, dabei ständig umrühren.
Soja- Worcestersauce und Apfelessig dazugeben und für weitere 15 Minuten einkochen lassen. Die Sauce

abkühlen lassen und in ein geeignetes Glas umfüllen und kalt stellen. Der Barbecue-Dip zum Grillen sollte schon am Vortag zubereitet werden.

Curry-Mayonnaise

ERGIBT ETWA 1 GLAS
VORBEREITUNGSZEIT: 5 MIN.
ZUBEREITUNGSZEIT: 5 MIN.

2 Eigelb
350 ml Sonnenblumenöl
2 EL Wasser
1 TL Dijon Senf
2 EL Limettensaft
½ TL Salz
½ TL Kreuzkümmel
½ TL Currypulver

ZUBEHÖR:
SCHNEEBESEN
SCHMALER MIXBEHÄLTER

Alle Zutaten bis auf das Öl mit den Schneebesen des Handrührgeräts kurz verrühren.
Ca. ¼ des Öls tröpfchenweise einrühren, bis sich Öl und die Zutaten zu einer glatten Creme verbinden.
Dann das restliche Öl in einem dünnen Strahl langsam unter ständigem Rühren zugießen, bis die Masse emulgiert.
Mit Salz, Pfeffer und Curry nochmals abschmecken.

Abgefüllt in einem luftdichten Behälter hält sich selbstgemachte
Curry-Mayo bis zu 2 Wochen im Kühlschrank.

Limoncello

200 ml Limoncello
200 ml Tonic
600 ml Prosecco
200 ml Mineralwasser
½ Handvoll frische Zitronenmelisse

In einem großen Krug alle Zutaten vermischen. Im Kühlschrank für etwa 2 Stunden kaltstellen.
In Weingläsern mit Eiswürfeln servieren.

Toast mit Käse und Tomaten

Dauer: 25 Minuten

Portionen: Für eine Personen

Zutaten:
4 Scheiben Toast
20g Butter
4 Scheiben Schmelzkäse
2 Tomaten
1 Prise Salz
1 Prise Pfeffer
1 EL Öl, für den Kontaktgrill

So wird es gemacht:
Kontaktgrill einfetten und vorheizen.
Toastscheiben jeweils mit Butter bestreichen. Zwischen zwei Toastscheiben jeweils eine Käsescheibe belegen. Tomate waschen, Strunk entfernen und in dicke Scheiben schneiden. Ebenfalls zwischen die Toastscheiben belegen und alles mit Salz und Pfeffer abschmecken.
Toast auf dem Kontaktgrill knusprig grillen und mit den restlichen Tomatenscheiben garnieren.

Feurige Kartoffelspieße vom Grill

Zutaten

600 g kleine Frühkartoffeln
2 rote Chilischoten
2 Knoblauchzehen
2 EL Olivenöl
Salz und Pfeffer

Zubereitung

Die Kartoffeln in der Schale ca. 10 Minuten fast garkochen.
In der Zwischenzeit die Chilischoten entkernen. Knoblauch und Chilischoten sehr fein würfeln. Alternativ können Sie auch getrocknete Chilischoten verwenden.
Knoblauch, Chili, Salz und Pfeffer in das Olivenöl geben und die heißen Kartoffeln darin schwenken.
Nach dem Abkühlen auf Spieße stecken und einige Minuten von beiden Seiten auf den heißen Grill geben.

Gegrillte Kalbsrouladen

Zutaten:
4 Kalbsschnitzel
4 Scheiben Bacon
4 TL BBQ-Sauce
Gyrosgewürz

Zubereitung:
Schnitzel weichklopfen und mit Gyrosgewürz verfeinern.
BBQ-Sauce auf das Fleisch geben
Baconscheiben auf die Fleischstücke verteilen.
Schnitzel aufrollen und mit Zahnstochern befestigen
Rouladen kurz auf den Grill geben.

Grillmarinade

Dauer: 20 Minuten

Portionen: Für zwei Personen

Zutaten:

½ TL Weißweinessig
2 EL Reiswein
½ TL Sojasauce
2 EL Wasser
3 Knoblauchzehen, geschält und gepresst
Ingwer, geschält und fein hacken
2 EL chinesischer Fünf-Gewürze-Pulver
¼ TL Olivenöl
2 EL Melasse Streuwürze
Kräuter, frisch und gehackt

So wird es gemacht:

Das gewünschte Grillgut in eine Auflaufform legen. Alle Zutaten für die Marinade in einer mittelgroßen Schüssel verrühren. Die Mischung über das Grillgut gießen bis es gut beschichtet ist.
Für mindestens 24 Stunden abgedeckt und gekühlt ziehen lassen, eventuell von Zeit zu Zeit umdrehen. Den Grill heizen. Das marinierte Grillgut für etwa 4-6 Minuten von beiden Seiten grillen, servieren.

Orangen Chutney

Zutaten:
100 ml Rotwein
200 g Kandiszucker
200 ml Rotweinessig
1 Stück Ingwer
4 Orangen
1 Kg Orangen
500 g saure Äpfel
2 Zimtstangen
Je 1 TL Piment; Muskat- und Korianderpulver
1 Glas Preiselbeeren

Zubereitung:

Rotwein in einem Topf zum Kochen bringen. Den Kandiszucker dazugeben und unter Rühren solange köcheln lassen, bis sich der Zucker vollständig aufgelöst hat. Rotweinessig und 1 Stück geschälte, fein geriebene Ingwerwurzel dazugeben. Vier Orangen unter dem Wasser abbürsten, die Schale dünn abschneiden, in feine Streifen schneiden und in den Sud geben. 1 kg Orangen großzügig schälen und filieren. Den Orangensaft auspressen und mit den Orangenfilets in den Sud geben. 500 g süßsäuerliche Äpfel schälen, entkernen und in feine Würfel schneiden. Mit 2 Zimtstangen, je 1 TL Piment, Muskat und Korianderpulver sowie 1 kleinen Glas Preiselbeeren untermischen. Die Früchte unter ständigem Rühren zum Kochen bringen und alles bei mäßiger Hitze 20-25 Minuten köcheln lassen. Das Orangen Chutney vom Herd nehmen, vollständig erkalten lassen und nochmals nachwürzen. Das Orangen Chutney in dekorative Schälchen füllen und bis zum Verzehr kühl aufbewahren.

Senfmarinade

Zutaten:

1 Zwiebel
2 Knoblauchzehen
einige Estragon Zweigen
2 Sardellenfilets
2 EL scharfen Senf
250 ml Pflanzenöl
1 Schuss Estragonessig

Zubereitung:

Zwiebel und Knoblauch schälen und klein schneiden. Den Estragon waschen und fein hacken. Sardellenfilets in kleine Stücke schneiden.
Alle Zutaten mit einem Pürierstab cremig mixen. Eignet sich im Prinzip für alle Sorten Fleisch und Fisch und besonders beliebt für Geflügel- und Kalbfleisch.

Cheeseburger

FÜR 4 PERSONEN
ZUBEREITUNGSZEIT: 15 MIN.
GRILLZEIT: 6 BIS 8 MIN.

700 g Hackfleisch vom Rind
175 g Blauschimmelkäse, zerbröckelt
1 Handvoll Rucolablätter
8 Burgerbrötchen
8 große rote Zwiebelscheiben, je etwa 0,5 cm dick
Olivenöl
Salz und Pfeffer

Den Gasgrill für direkte mittlere Hitze (180–230 °C) erhitzen.
Das Hackfleisch in acht gleich große Portionen aufteilen und aus jeder Portion zwei flache Burger von jeweils etwa 8 cm Durchmesser formen. Burger auf einer Arbeitsfläche auslegen. In die Mitte von acht Burgern jeweils 1 EL Käse geben, je 1 unbelegten Burger daraufsetzen und rundherum die Ränder zusammendrücken, sodass der Käse auf allen Seiten gut umschlossen ist. Die acht Burger mit Salz und Pfeffer würzen.
Die Zwiebelscheiben auf beiden Seiten mit Öl bestreichen.

Burger und Zwiebelscheiben über direkter mittlerer Hitze bei geschlossenem Deckel 7–8 Min. grillen, bis die Zwiebelscheiben leicht gebräunt und das Fleisch halb durch (medium) ist, dabei beide Zutaten einmal wenden. In der letzten Minute die Brötchen mit den Schnittflächen nach unten über direkter Hitze leicht rösten.

Die unteren Brötchenhälften jeweils mit Rucola, 1 Burger, Blauschimmelkäse und Zwiebelscheiben belegen, die oberen Brötchenhälfte daraufsetzen und warm servieren.

BBQ-Marinade

3 Zwiebeln, fein gehackt
3 Knoblauchzehen, gepresst
1 EL Pflanzenöl
2 EL Olivenöl
1 TL Paprikapulver
1 EL frischer Thymian, fein gehackt
4 EL Balsamicoessig
250 g Himbeeren
3 EL Worcestersoße
1 EL Ahornsirup
1 EL Senfsaat
Salz und Pfeffer zum Abschmecken
etwas Öl

In einer Pfanne in etwas Öl den Knoblauch goldgelb anbraten. Die Zwiebeln zugeben und glasig dünsten. Alle anderen Zutaten dazugeben und für etwa 20 Minuten bei mittlerer Hitze einkochen. Abkühlen lassen.
In einem Hochleistungsmixer zu einer flüssigen Marinade pürieren.

Gefüllte Pilze mit Schafskäse vom Grill

Dauer: 55 Minuten

Portionen: Für sechs Personen

Zutaten:
6 Champignons
6 Würfel Schafskäse
6 Blätter Basilikum
6 Scheiben Bacon
2 Frühlingszwiebel
1 Prise Salz
1 Prise Pfeffer
1 Ciabatta
1 Esslöffel Olivenöl

So wird es gemacht:
Champignons putzen und Stiele entfernen. Frühlingszwiebel waschen und fein hacken. Basilikum waschen, abtropfen lassen und fein hacken. Schafskäse in Scheiben schneiden. Alles in einen Topf geben und zu einer Masse verarbeiten.
Ein Stück Alufolie bereitstellen und die Masse darauf gleichmäßig verteilen.
Für 40 Minuten auf dem Grill braten.

Mediterrane scharfe Sauce

Zutaten

6 getrocknete Tomaten
2 TL verschiedene Chilischoten, in Scheiben geschnitten
1/2 T Wasser (plus 2 EL des Wassers der getrockneten Tomaten)
4 EL frisch gepressten Limettensaft
4 TL Rotwein- oder Apfelessig
1/2 TL Meersalz
1 TL Rohrzucker
2 Knoblauchzehen (je nach Wunsch)
1 TL geräuchertes Paprikapulver (je nach Wunsch)
2 EL Olivenöl (je nach Wunsch)

Zubereitung
Getrocknete Tomaten für 15 Minuten in heißem Wasser einweichen, bis sie weich sind.
Die restlichen Zutaten zusammen mit dem Einweichwasser der Tomaten in einen Mixer geben und glattrühren.
Die Mischung in ein Glas geben und kühl stellen.
Hält sich gekühlt etwa eine Woche.

Gegrillte Tortillias mit Blauschimmelkäse und Steakstreifen

Zutaten:
1 Zwiebel
1 EL italnienischer Essig
0,5 EL Senf mittelscharf
1 EL Honig (flüssig)
4 EL Olivenöl
Salz
Geschroteter Pfeffer
2 Rib Eye Steaks (je ca. 200 Gramm)
4 Weizentortillas
150 g Weichkäse mit Edelschimmel
1 Handvoll Ruccola

Zubereitung:
Als erstes konzentrieren wir uns auf die Füllung durchs anrühren eines Dressings.
Dafür die Zwiebel schälen und in feine Würfel schneiden.
Würfel, Balsamico, Senf, Honig und 2 EL Olivenöl gut miteinander verrühren und etwas salzen und pfeffern.
Steaks von beiden Seiten mit Öl bepinseln und mit Salz und geschroteten Pfeffer würzen. Die Steaks auf dem vorbereiteten Grill bei starker Hitze von jeder Seite 4 Minuten grillen.

Nach dem Grillen Fleisch für ein paar Minuten ruhen lassen.

In der Zeit die Tortillas bei kleiner Hitze grillen.

Weizenfladen dabei portionsweise für 45 bis 60 Sekunden auf den Grillrost legen.

Fladen umdrehen und je 0,25 der angegebenen Menge Käse auf den Fladen zupfen und ca. 90 Sekunden schmelzen lassen.

Teigfladen vom Rost nehmen und mit jeweils einem Viertel des Rucolas bestreuen.

Das Fleisch danach in sehr dünne Scheiben schneiden und großzügig auf den Fladen verteilen.

Die gefüllten Weizentortillas sofort servieren und wie ein Sandwich verspeisen.

Thunfischsteak

Dauer: 70 Minuten

Portionen: Für vier Personen

Zutaten:

4 Thunfischsteaks
2 Knoblauchzehen
2 EL Sojasauce
1 EL Balsamico
2 EL Öl
1 Prise Salz
1 Prise Pfeffer
1 Chilischote

So wird es gemacht:

Knoblauch schälen, waschen und fein hacken. Knoblauch, Sojasauce, Balsamico, Öl, Salz, Pfeffer und gehackte Chilischote in eine Schüssel geben und zu einer homogenen Marinade verarbeiten.
Die Thunfischsteaks darin marinieren und für 1 Stunde zugedeckt im Kühlschrank ziehen lassen.
Steaks auf dem Grill von allen Seiten anbraten.

Mirkos Spicy Guacamole

Für 4 Personen / Zubereitungsdauer ca. 40 Minuten

Zutaten:
2 Avocados
¼ Gurke
2 Knoblauchzehen
1 TL Senf
2 Tomaten
1 Bund Koriander
1 Chilischote
1 TL Zucker
Prise Salz und Pfeffer

Zubereitung:

Die Avocados schälen, entkernen und mit einer Gabel zerdrücken. Dir Gurke ebenfalls schälen, entkernen und sehr fein hacken. Knoblauch schälen und fein hacken. Die Tomaten häuten, entkernen und in feine Würfel schneiden. Koriander und Chili sehr fein schneiden. Dann die Avocados mit allen Zutaten: gut vermengen. Mit Pfeffer, Salz und Zucker abschmecken und ca. 1 Stunde durchziehen lassen.

Chutney auf Tomatenbasis

Für 4 Personen / Zubereitungsdauer ca. 40 Minuten
Zutaten:
600 g feste Tomaten (San Marzano)
100 g Trockenobst, zum Beispiel Rosinen oder Feigen
600 g Kernobst, zum Beispiel Pflaumen oder Aprikosen
2 Zwiebeln
200 g Zucker
6 EL Olivenöl
6 EL Apfelessig
20 g Ingwer
Prise Pfeffer und Salz

Zubereitung:

Alle Zutaten: entkernen und in kleine Würfel schneiden. Trockenobst und Zwiebeln ebenfalls würfeln.
Den Zucker in einem hohen Topf karamellisieren. Die Zwiebel und das Trockenobst hinzugeben. Nach und nach die restlichen Zutaten:, bis auf die Tomaten, zugeben und gut anbraten. Zum Schluss die Tomatenwürfel hinzugeben und bei mittlerer Hitze ca. 30 Minuten leicht köcheln lassen. Mit Pfeffer und Salz abschmecken.

Hacksteaks mit Tsatziki

Zutaten für 4 Personen:

1 mittelgroße Zwiebel
3 Knoblauchzehen
2 Stängel frischer Oregano
½ Bund glatte Petersilie
50 g schwarze Oliven
100 g Schafskäse
6 EL Olivenöl
2 Scheiben Weißbrot
600 g Rinderhackfleisch
1 EL Tomatenmark
Salz und schwarzer Pfeffer
3 Prisen gemahlener Piment
1 Msp. Cayennepfeffer

Für den Tsatziki:

5 Knoblauchzehen
1 Salatgurke
500 g Vollmilchjogurt
2 EL Olivenöl
Salz und weißer Pfeffer
1 TL heller Essig

Zubereitung:

Zwiebel und Knoblauch schälen und hacken. Oregano und Petersilie zupfen und waschen. Oliven entkernen und klein hacken. Schafskäse zerbröseln und mit Oliven und 1 EL Olivenöl vermengen.

Weißbrot in kleine Würfel schneiden und mit lauwarmem Wasser begießen. Rinderhackfleisch mit Tomatenmark, Ei, 1 EL Olivenöl, ausgedrückten Weißbrot, Zwiebel- und Knoblauch sowie den Kräutern zu einem Fleischteig kneten.

Mit Salz, Pfeffer, Piment und Cayennepfeffer kräftig abschmecken. Den Fleischteig in etwa 8 Portionen teilen. Jede Portion auf einer Arbeitsfläche flach drücken.

Eine Hälfte mit der Käsefüllung belegen, die andere Hälfte darüber klappen und fest andrücken. Die Hacksteaks mit Olivenöl bepinseln. Den Tischgrill vorheizen und die Hacksteaks darauf auf jeder Seite etwa 5-10 Minuten braten.

Für das Tsatziki: Knoblauchzehen schälen und durchpressen. Salatgurke schälen und grob raspeln. Vollmilchjogurt mit Olivenöl, Knoblauch und Gurke vermengen. Etwas salzen, pfeffern und mit Essig abschmecken.

Mexikanisches Skirt-Steak

FÜR 4 PERSONEN
ZUBEREITUNGSZEIT: 15 MIN.
GRILLZEIT: 4 BIS 6 MIN.

FÜR DIE WÜRZMISCHUNG:
1 TL Knoblauchpulver
1 TL dunkler Vollrohrzucker
1 TL Zwiebelpulver
1 TL Chilipulver
¼ TL gemahlene Kreuzkümmelsamen
½ TL grobes Meersalz
600 g Skirt-Steak, etwa 1,5–2 cm dick, überschüssiges Fett entfernt,
in 30 cm lange Stücke geschnitten
Olivenöl

Den Gasgrill für direkte starke Hitze (230–290 °C) erhitzen.
Die Zutaten für die Würzmischung in einer kleinen Schüssel vermengen. Die Steaks auf beiden Seiten dünn mit Öl bestreichen, anschließend gleichmäßig mit der Würzmischung bestreuen. Das Fleisch 20 Min. ruhen lassen.
Die Steaks über direkter starker Hitze bei geschlossenem Deckel bis zum gewünschten Gargrad grillen, 4–6 Min. für rosa/rot bzw. medium rare, dabei ein- bis zweimal wenden. Bei Flammenbildung das

Fleisch vorübergehend über indirekte Hitze legen. Steaks vom Grill nehmen und 5 Min. ruhen lassen.

Die Steaks quer zur Faser in 1 cm dicke Scheiben schneiden und sofort warm servieren. Nach Belieben warme Tortillas und Guacamole als Beilage reichen.

Kürbis-Chutney

700 g Hokkaidokürbis, geschält, entkernt
2 Zwiebeln, fein gehackt
1 Knoblauchzehe, gepresst
1 Chilischote, entkernt, fein gehackt
18 Datteln
10 EL Olivenöl
1 Liter Wasser
3 TL Currypulver
3 EL weißer Balsamicoessig
Salz und Pfeffer zum Abschmecken

Das Olivenöl in einer Pfanne erhitzen und die Zwiebeln, den Knoblauch, die Chilischote und den Kürbis darin andünsten. Danach die Datteln, das Wasser, Currypulver und den Balsamico dazu leeren. Etwa 15 Minuten köcheln lassen, bis alles gegart ist.

Zum Schluss noch mit Salz und Pfeffer abschmecken.

Feta vom Grill

Dauer: 10 Minuten

Portionen: Für vier Personen

Zutaten:
2 Packungen Schafskäse
4 Tomaten
2 Zwiebeln
1 Prise Salz
1 Prise Pfeffer
1 Prise Basilikum
1 Esslöffel Olivenöl
1 Esslöffel Knoblauchpulver

So wird es gemacht:
Vier Alufolien bereitstellen. Schafskäse in vier Scheiben schneiden und jeweils auf der Alufolie platzieren. Tomate waschen, Strunk entfernen und in Scheiben schneiden. Diese dann auf dem Käse geben jeweils.
Zwiebel schälen, waschen und in Ringe schneiden und ebenfalls über dem Käse verteilen. Mit Salz, Pfeffer und Basilikum bestreuen. Knoblauchpulver als letztes Gewürz drauf geben und mit Olivenöl beträufeln. Die Alufolie schließen und nur einen sehr kleinen Spalt offen lassen.
Für fünf Minuten auf dem Grill braten.

Knoblauchmus mit Thymian

Zutaten

3 Knollen Knoblauch
6 EL Olivenöl
6 Stiele frischen Thymian
Salz und Pfeffer

Zubereitung

Die Knoblauchknollen (so wie sie ist – ungeschält) mit 2 EL Olivenöl beträufeln.
2 Stiele Thymian dazulegen und alles in Alufolie wickeln. Im vorgeheizten Ofen auf der mittleren Schiene bei 200 Grad (Gas 3, Umluft 180 Grad) 45-50 Minuten backen.
Die Knoblauchknollen herausnehmen und etwas abkühlen lassen. Dann die Zehen aus den Knollen lösen, und das Innere mit den Fingern herausdrücken.
Den Knoblauch mit einer Gabel zerdrücken.
Das restliche Olivenöl unterrühren und mit Salz und Pfeffer würzen. Vom zurückbehaltenen Thymian die Blättchen abzupfen, hacken und unter das Knoblauchmus mischen.

Schafskäse-Tomaten-Päckchen

Zutaten:

2 Feta
2 Tomaten
3 Lauchzwiebeln
halber Bund Basilikum
2,5 TL Pfeffer
2,5 EL Olivenöl

Zubereitung:
Tomaten waschen und zu Scheiben verarbeiten
Lauchzwiebeln putzen und in Stücke schneiden
Lauchzwiebeln, Tomaten, Basilikum und Käse auf Alufolie verteilen
Käse mit Pfeffern und Olivenöl verfeinern
Zutaten zu Päckchen verarbeiten und auf heißen Grill geben

Amerikanischer Burger

Dauer: 40 Minuten
Portionen: Für vier Personen

Zutaten:

2 rote Zwiebeln
200g Käse
200g Cheddar
2 Tomaten
1 Kopfsalat
4 EL Tomatenketchup
4 EL Barbecuesauce
4 TL Senf
800g Rindfleisch
1 Prise Salz
1 Prise Pfeffer
4 Burgerbrötchen
200g Bacon

So wird es gemacht:

Den Grill auf 240 Grad vorheizen. Zwiebel schälen, waschen und in feine Ringe schneiden. Beide Käse fein reiben. Tomaten waschen, Strunk entfernen und in dicke Scheiben schneiden. Salat waschen und abtropfen lassen. Tomatenketchup, Senf und BBQ-Sauce in einer Schale zu einer eigenen Sauce vermischen.

Rindfleisch mit Salz und Pfeffer vermischen und erst einmal gut durch kneten. Hände leicht anfeuchten und aus der Masse vier gleichgroße Buletten formen.

Buletten auf dem Grill von beiden Seiten für 2 Minuten grillen. Anschließend Bacon auf den Grill geben und anrösten.

In der Zwischenzeit Burger halbieren, mit der Sauce bestreuen und dem Salatkopf, der Bulette, dem Bacon, Zwiebel, Tomate und dem Käse belegen. Deckel zuklappen und warm genießen.

BBQ-Grillsauce

Zutaten:
1 Zwiebel
2 Knoblauchzehen
1 Apfel
300 g Tomaten
1 EL Rapsöl
100 g Tomatenmark
200 g Rohrzucker
150 ml Apfelessig
50 ml Worcestersauce
50 ml Whisky (rauchig)
½ TL Chilipulver
2 TL Paprikapulver, rosenscharf
½ TL schwarzen Pfeffer
1 TL Meersalz

Zubereitung:

Zwiebel, Knoblauchzehen und Apfel schälen und fein würfeln. Tomaten waschen und würfeln. Rapsöl in eine Pfanne erhitzen und die Zwiebel darin anbraten. Nach ca. 1 Minute Knoblauch, Apfel und Tomaten dazugeben. Nach weiteren 2 Minuten Tomatenmark, Rohrzucker, Apfelessig, Worcestersauce und Whisky dazugeben und gut verrühren. Chilipulver, Paprikapulver, Pfeffer und Meersalz hinzufügen. Die Sauce ca. 30-40 Minuten bei schwacher Hitze köcheln, danach die Sauce pürieren und sofort in ein Glasgefäß mit Deckel füllen.

Pikante Hähnchenbrustfilets

Zutaten für 4 Personen:

4 Hähnchenbrustfilets
4 mittelgroße Knoblauchzehen
1 rote Chilischote
3 EL frisch gehackte Rosmarin
1 mittelgroße Zitrone
1 TL Honig
6 EL Olivenöl
1 TL grobes Meersalz
Frisch gemahlener Pfeffer

Zubereitung:

Rosmarinblätter abzupfen, Chilischote entkernen, Knoblauch schälen und alles fein hacken und in eine Schüssel geben. Zitrone waschen, auspressen und den Saft auffangen.
Zitronensaft, Olivenöl, Honig und Salz verrühren. Die Hähnchenbrustfilets in die Marinade legen und über Nach marinieren lassen.
Herausnehmen gut abtropfen lassen und auf den heißen Grill geben gar grillen.

Sirloin-Steak mit Brokkoli

FÜR 4 PERSONEN
ZUBEREITUNGSZEIT: 25 MIN.
GRILLZEIT: 20 BIS 22 MIN.

ZUTATEN FÜR DIE MARINADE:

2 EL Aceto balsamico
1 TL Meerrettich (aus dem Glas)
4 EL Olivenöl
Salz und Pfeffer

500 g Sirloin-Steak (flaches Roastbeef), etwa 2,5 cm dick
250 g Brokkoli
1 rote Zwiebel, quer in 1 cm dicke Scheiben geschnitten

Den Gasgrill für direkte mittlere Hitze (180–230 °C) erhitzen.
Die Zutaten für die Marinade in einer kleinen Schüssel gut vermischen. Das Steak einlegen und 30 Min. ruhen lassen.
Steak aus der Marinade nehmen, die Mariande wegschütten. Über direkter mittlerer Hitze bei geschlossenem Deckel bis zum gewünschten Gargrad grillen, 12–14 Min. für rosa/rot bzw. medium rare, dabei ein- bis zweimal wenden. Bei Flammenbildung das Fleisch vorübergehend über indirekte Hitze legen.

Steak vom Grill nehmen, 5 Min. ruhen lassen, anschließend dünn aufschneiden.

Brokkoli und Zwiebelscheiben dünn mit Öl bestreichen und salzen. Über direkter mittlerer Hitze bei geschlossenem Deckel etwa 8 Min. grillen, bis das Gemüse weich ist. Vom Gasgrill nehmen.

Steak und Brokkoli auf Tellern anrichten und mit Zwiebelstücken garnieren.

Hummus

250 g Kichererbsen (eingeweicht und gekocht oder aus dem Glas)
100 ml Tahini/Sesampaste
1 Knoblauchzehe, gepresst
Saft 1 Zitrone
1 Prise Kreuzkümmel
1 Prise Paprikapulver
Salz und Pfeffer zum Abschmecken
1 Schuss Olivenöl

In einem Hochleistungsmixer alle Zutaten, bis auf das Paprikapulver und das Olivenöl zu einem cremigen Mus verarbeiten.

Zum Schluss mit Kichererbsen, Paprikapulver und Olivenöl garnieren und servieren.

Gegrillte Zucchini

Dauer: 30 Minuten

Portionen: Für drei Personen

Zutaten:
3 Zucchini
1 Handvoll Minze
1 Esslöffel Olivenöl
1 Prise Salz

So wird es gemacht:
Zucchini waschen und enden abschneiden. Längs halbieren und in dünne Scheiben schneiden. In einer Grillpfanne Öl verteilen und Zucchini hinlegen und fünf Minuten von beiden Seiten anbraten.
Zucchini in einer eckigen Form beschichten. Salzen und Minzblätter drauflegen.
Nach und nach Zucchinischeiben grillen und in der Form schichten. Olivenöl zum Schluss verteilen.
Abkühlen lassen, mit Folie bedecken und über Nacht in den Kühlschrank stellen. Eine Stunde vor dem Servieren aus dem Kühlschrank nehmen.

Würzige Pommes vom Grill (vegan)

Zutaten:
600g Kartoffeln
3 EL Olivenöl
süßes Paprikapulver
Salz

Zubereitung:
Zu Beginn die Kartoffeln schälen und mit einem scharfen Messer in saubere Streifen schneiden. Danach muss die Stärke von den Kartoffeln gründlich abgewaschen werden.
Als nächstes Olivenöl, Paprika und etwas Salz in eine Schüssel hineingeben und gut vermischen.
Dann die Kartoffelstreifen dazu geben und alles gut miteinander verrühren.
Nun müssen die Pommes nur in eine Grillpfanne auf den Grill mit einem geschlossenen Deckel für ca. 25 Minuten gegrillt werden bis sie goldbraun sind.
Danach kann noch etwas Salz hinzugeführt werden.

Spareribs mit Partyglasur

Zutaten für 4 Personen

2 Kg Spareribs mit guter Fleischauflage
Salzwasser zum Garen
Prise Salz und Pfeffer
1-2 EL Sonnenblumenöl
2 EL Honig
2 EL Tomatenketchup
2 EL mittelscharfer Senf
1 EL Majoran
1 TL Thymian
1 TL Paprikapulver
Einige Tropfen Tabasco
Saft von 1 Zitrone
2 Knoblauchzehen
1 TL Salz
Kräuterzweige zum Garnieren

Zubereitung:

Die Spareribs unter dem Wasser waschen und trocken tupfen. Salzwasser in einem Topf zum Kochen bringen, die Spareribs dazugeben und bei mäßiger Hitze 30-40 Minuten köcheln lassen.
Anschließend das Fleisch herausnehmen, abtropfen lassen und mit Salz und Pfeffer würzen.
Das Öl mit dem Honig, dem Tomatenketchup, dem Senf, dem Majoran, dem Thymian und dem

Paprikapulver in einer Schüssel glattrühren und mit Tabasco schärfen.

Den Zitronensaft und die mit Salz zerriebenen Knoblauchzehen unter die Glasur rühren, die Spareribs damit bestreichen und mindestens zwei Stunden ziehen lassen.

Die Spareribs auf dem Grill weitere 20-30 Minuten garen. Während der Garzeit ab und zu mit der Marinade bestreichen. Die Spareribs dekorativ anrichten, mit der restlichen Glasur bestreichen, mit Kräuterzweigen garnieren und servieren.

Türkische Pirzola

Zutaten für 5-6 Personen:

8-12 Lammkoteletts
1 mittelgroße Zwiebel
2 Knoblauchzehen
Salz
4 EL Olivenöl
frisch gemahlener schwarzer Pfeffer
4 scharfe oder milde Peperoni
2 TL Oregano
4 frische rote Zwiebeln
4 mittelgroße Tomaten
1 Zitrone

Zubereitung:

Die Lammkoteletts abspülen und trocknen. Zwiebel und Knoblauch schälen, Zwiebel reiben, Knoblauch mit Salz im Mörser zerreiben, beides mit Öl und Pfeffer verrühren.
Lammkoteletts in dieser Würzmischung marinieren und einige Stunden in den Kühlschrank stellen. Zum Grillen die Koteletts von jeder Seite etwa 4 Minuten garen, am Rand die Peperoni mitgrillen.
Die roten Zwiebeln schälen und vierteln. Tomaten waschen und in Scheiben schneiden. Die Zitrone waschen, trockenreiben und ebenfalls in Scheiben schneiden.

Die fertigen Koteletts mit Oregano bestreuen und mit Peperoni, Zwiebelvierteln, Tomaten- und Zitronenscheiben servieren.

Brokkolisalat mit gebratenen Kichererbsen

ZUTATEN FÜR DAS GEMÜSE:

500g Brokkoli, in feine, mundgerechte Röschen zerteilt
2 Paprikaschoten, rot und gelb, in feinen Würfeln
1 Salatgurke, fein gewürfelt
1 kleines Bund Lauchzwiebeln, dünn geschnitten

ZUTATEN FÜR DAS DRESSING:

3 Pfirsiche
4 EL Olivenöl
2 EL Weißweinessig
1 Limette
5 EL Petersilie und Schnittlauch, fein gehackt
Salz und Pfeffer

ZUTATEN FÜR DAS TOPPING:

300g Kichererbsen aus dem Glas, gewaschen, abgetropft
2 Handvoll Walnusskerne
2 EL Sesamöl
1 TL Honig
Salz
ggf. Korianderblätter zum Servieren

ZUBEHÖR:
PÜRIERSTAB

Gurkenwürfel, Lauchzwiebelringe und Brokkoli in einer großen Salatschüssel vermengen. Beiseitestellen. Pfirsiche Mit dem Pürierstab glatt pürieren, mit Olivenöl, Weißweinessig, Salz, Pfeffer und 1 EL frisch geriebener Schale einer unbehandelten Limette vermengen.
Limettensaft, Petersilie und Schnittlauch nach Geschmack hinzugeben, zu einem homogenen Dressing rühren und unter den Salat heben.

Sesamöl in einer Pfanne erhitzen, Kichererbsen und Walnüssstücke darin von allen Seiten anrösten. Salz und Honig hinzugeben und 4-5 Minuten braten. Kichererbsen-Walnuss-Mischung über den Salat geben, ggf. mit frischem Koriander garnieren und servieren.

Bärlauchpesto

600 g Bärlauch, fein gehackt
70 g Pinienkerne, fein gehackt
70 g Parmesan, fein gerieben
600 ml Olivenöl
Salz und Pfeffer zum Abschmecken
Alle Zutaten in einem Hochleistungsmixer zu einem cremigen Mus pürieren und mit Salz und Pfeffer abschmecken.

Pikante Süßkartoffelscheiben vom Grill

Dauer: 30 Minuten

Portionen: Für vier Personen

Zutaten:
500g Süßkartoffel
2 Esslöffel Öl
1 Teelöffel Chilisauce
1 Prise Salz
1 Prise gemahlenen Pfeffer

So wird es gemacht:
Süßkartoffel in Salzwasser für zehn Minuten gar kochen. Anschließend mit kaltem Wasser abschrecken, schälen und in Scheiben schneiden. Öl, Chilischote, Salz und Pfeffer miteinander verquirlen und die Scheiben darin einlegen.
Anschließend für mindestens fünf Minuten von beiden Seiten jeweils grillen, bis diese knusprig sind.

gegrillter Hummer mit Safran

Zutaten:
2 Langusten
40 g Butter
etwas Safranfäden
Salz
Zitronensaft
Cayennepfeffer

Zubereitung:
Salzwasser zum Kochen bringen
Langusten für 10 Minuten hineingeben
abkühlen lassen und halbieren
Langusten für wenige Minuten auf den Grill geben
Butter und Safranfäden erhitzen
mit Salz, Zitronensaft und Cayennepfeffer verfeinern
das ganze über das Langustenfleisch geben

Pfeffersteaks mit Grilltomaten

Zutaten für 4 Personen

4 Schweinehalssteaks (a 200 g)
Einige Thymian und Majoran Zweige
Einige Basilikumblätter
50 ml Olivenöl
Prise Salz
1 EL bunte Pfefferkörner

Für die Grill Tomaten
8 Tomaten
1 EL Olivenöl zum Bestreichen
Einige Basilikumblätter und Oregano Zweige

Zubereitung:

Die Steaks mit Wasser abspülen und trocken tupfen.
Die Kräuter waschen, trocken tupfen, fein schneiden und mit Olivenöl in einer Schüssel vermischen.
Die Steaks in der Marinade öfters wenden und in den Kühlschrank für paar Stunden gut durchziehen lassen.
Anschließend die Steaks herausnehmen, etwas salzen und auf dem Grill garen.
Die Pfefferkörner im Mörser zerstoßen, mit dem Olivenöl verrühren und mit der restlichen Marinade die Steaks bestreichen.

Die Tomaten waschen und trocknen. Acht Stücke Alufolie mit etwas Öl bestreichen, mit Salz und den klein geschnittenen Kräutern bestreuen.
Die Tomaten in die Alufolie legen, verschließen und auf dem Grill garen.
Die Pfeffersteaks mit den Grilltomaten dekorativ anrichten und mit Kräuterbaguettes sofort servieren.

Würstchenplatte mit Zwiebelsahne-Sauce

Zutaten für 4-5 Personen:

8 Wiener Würstchen
8 frische Datteln
16 Scheiben Räucherspeck
200 g Leberkäse oder Fleischkäse
4 Scheiben Ananas
1 Ring Fleischwurst
1 TL Currypulver
4 EL Pflanzenöl
2 Bratwurstschnecken
4-8 Scheiben Schmelzkäse

Für die Zwiebelsahne:

50 g Räucherspeck
4 mittelgroße Zwiebeln
4 Knoblauchzehen
1 Bund Petersilie
50 ml Olivenöl
100 ml Brühe, ersatzweise Weißwein
Salz und frisch gemahlener schwarzer Pfeffer
edelsüßes und rosenscharfes Paprikapulver
1 TL Kümmel
4 cl Sherry
1 EL scharfer Senf

200 ml süße Sahne

Zubereitung:

Wiener Würstchen und Datteln jeweils mit einer Scheibe Speck umwickeln, wenn nötig mit kleinen Holzspießen feststecken. Leberkäse und Ananas in Stücke schneiden und abwechselnd auf Spieße stecken. Ring Fleischwurst in 4 Stücke schneiden.
Jedes Stück auf einer Seite kreuz und quer einschneiden. Currypulver mit Öl verrühren und die Wurststücke damit einpinseln.
Alles auf den Grillrost legen und von allen Seiten knusprig grillen. Die gegrillten Bratwurstschnecken oder Rostbratwürstchen auf Alufolie legen, mit Käse belegen und überschmelzen lassen.
Speck würfeln. Zwiebeln und Knoblauch schälen und in Streifen schneiden. Petersilie waschen, trocknen und beiseite stellen. Olivenöl in einem Topf erhitzen.
Speckwürfel darin kurz anbraten, das Zwiebel-Knoblauch-Gemisch dazugeben und ca. 15-20 Minuten dünsten. Mit etwas Brühe oder Weißwein angießen.
Mit Gewürzen, Sherry und Senf pikant abschmecken. Petersilie einstreuen, zuletzt mit Sahne aufgießen und weitere 5 Minuten köcheln.

Kichererbsen-Feta-Salat

530 g Kichererbsen (Dose)
250 g Feta
4 Tomaten
1 Salatgurke
1 TL Piment, gemahlen
2 TL Cumin, gemahlen
1 TL Kardamom, gemahlen
1 Bio-Zitrone
2 EL Olivenöl
½ Bund Minze
Salz und Pfeffer

Tomaten und Gurke waschen und würfeln. Kichererbsen in einer Pfanne ohne Fett mit Piment, Kreuzkümmel und Kardamom anbraten. Anschließend mit Tomaten und Gurken in einer Schüssel vermengen. Zitrone heiß waschen, trocken tupfen und Schale abreiben. Feta über dem Salat zerbröseln. Salat mit Öl, Salz, Pfeffer und Zitronenabrieb würzen. Minze waschen, trocken schütteln und grob zupfen. Salat mit Minze garnieren.

Eingelegtes Fleisch für den Grill

Dauer: 10 Minuten

Portionen: Für vier Personen

Zutaten:
4 Esslöffel edelsüßes Paprikapulver
2 Esslöffel rosenscharfes Paprikapulver
2 Esslöffel Salz
2 Esslöffel Pfeffer
2 Zwiebeln
1 Kilo Steak
8 Esslöffel Olivenöl

So wird es gemacht:
Zwiebel schälen, waschen und in feine Ringe schneiden.
Gewürze mit dem Olivenöl vermengen. Zwiebel, Fleisch und die Marinade in eine Schüssel geben und über Nacht ziehen lassen.
Auf dem Grill gar braten und servieren.

Puten-Ananas-Burger

Zutaten:
4 Putensteaks
4 Scheiben Ananas
1 EL Honig
1 Knoblauchzehe
4 Burgerbrötchen
4 Salatblätter
Limettensaft
Teriyaki-Sauce

Zubereitung:
Knoblauch hacken
Teriyaki-Sauce, Limettensaft, Honig und Knoblauch zu Marinade verarbeiten
Putensteaks 60 Minuten marinieren
Steaks kurz auf den Grill geben
Brötchen erwärmen
Putensteaks, Ananas und Salat auf Brötchen verteilen

Chilikoteletts

Zutaten für 4 Personen

12 küchenfertige Lammchops
100 ml Olivenöl
1 Chilischote
2 Knoblauchzehen

Zudem noch:
2 EL Olivenöl
1 Zwiebel
Je 1 gelbe und rote Paprika
400 g Auberginen
100 ml Gemüsebrühe
Prise Pfeffer und Salz
Prise Cayennepfeffer
Prise Zucker
8 gebratene Ananasscheiben
Kräuterzweige zum Garnieren

Zubereitung:

Die Lammchops unter fließendem Wasser waschen und abtrocknen. Das Olivenöl leicht langsam erhitzen, die Chilischote schälen und klein hacken.
Den Knoblauch schälen und fein hacken und ins Olivenöl geben, kurz anbraten, vom Herd nehmen und das Öl abkühlen lassen.

Die Lammchops mit dem Chiliöl übergießen und in den Kühlschrank stellen. Für mindestens 4-5 Stunden ziehen lassen.

Das Olivenöl in einem Topf erhitzen. Die Zwiebel schälen, klein würfeln und im Topf glasig anschwitzen.

Die Paprikaschote halbieren, entkernen, waschen, klein würfeln, zu den Zwiebeln geben und kurz blanchieren.

Die Auberginen waschen, würfeln, zu den Paprikaschoten geben und kurz mitanschwitzen. Die Gemüsebrühe angießen und alles zum Kochen bringen.

Das Gemüse mit Pfeffer, Salz, Cayennepfeffer und Zucker würzen.

Die Lammchops grillen oder im Chiliöl braten. Danach mit dem Gemüse dekorativ anrichten, die gebratenen Ananascheiben dazulegen, mit Kräuterzweigen garnieren und sofort servieren.

Kalbfleischröllchen mit Tunfisch-Sauce

Zutaten für 4 Personen:

1 Bund gemischte Kräuter (Dill, Oregano, Petersilie)
2 Knoblauchzehen
1 EL gehackte Walnusskerne
1 EL scharfer Senf
2 EL Olivenöl
4 dünne Kalbsschnitzel á ca. 150 g
Salz und weißer Pfeffer
8 dünne Scheiben durchwachsener Räucherspeck

Für die Kapern-Tunfisch-Sauce:

150 g Tunfisch
1 ½ Zitronen
1 EL Dijon-Senf
2 Eigelbe
125 ml Olivenöl
5 EL Weißwein oder Marsala
Salz und weißer Pfeffer
50 g eingelegte Kapern
ein paar Salbeiblättchen

Zubereitung:

Kräuter waschen und klein hacken. Knoblauch schälen und durchpressen. Mit den Walnusskernen, Kräutern, Senf und Öl vermischen. Kalbsschnitzel quer halbieren und auf beiden Seiten mit Salz und Pfeffer würzen.

Auf einer Arbeitsplatte die 8 Scheiben Speck auslegen und darauf je 1 Schnitzel geben. Kräutermischung auf die Schnitzel verstreichen. Jedes Schnitzel mit dem Speck vorsichtig aufrollen. Mit kleinen Hölzchen feststecken.

Auf dem Grill die Fleischröllchen darauf legen. Unter mehrmaligem Wenden 10-15 Minuten knusprig grillen.

Für die Kapern-Tunfischsauce: Tunfisch abgießen und das Fischfleisch mit dem Saft von 1 Zitrone mit dem Pürierstab pürieren. Senf mit Eigelben verrühren. Öl unter heftigem Schlagen nach und nach dazugießen.

Die so entstandene Mayonnaise mit dem pürierten Tunfisch vermengen und mit Weißwein oder Marsala, Salz und Pfeffer abschmecken. Kapern unter die Sauce mengen.

Nochmals abschmecken. Die 2. Zitrone in waschen in Spalten schneiden. Salbeiblättchen säubern und grob zerschneiden. Die Kapern-Tunfisch-Sauce in eine Saucenschüssel füllen und mit den Zitronenspalten und Salbeiblättchen anrichten.

Schweinemedallions mit Orangen-Feldsalat

FÜR 4 PERSONEN
ZUBEREITUNGSZEIT: 20 MIN.
GRILLZEIT: 14 BIS 21 MIN.

ZUTATEN FÜR DEN SALAT:

4 Orangen
200 g Feldsalat
3 EL Olivenöl
2 TL Obstessig
Salz und Pfeffer

ZUTATEN FÜR DIE WÜRZPASTE:

2 EL Sojasauce
2 EL Olivenöl
2 TL getrockneter Thymian
2 TL gemahlener Piment
1 TL Knoblauchpulver
1 TL Cayennepfeffer
1 EL Zwiebelpulver
1 EL dunkler Vollrohrzucker
1 TL schwarzer Pfeffer
½ TL gemahlene Muskatnuss
½ TL gemahlener Zimt

2 Schweinefilets, je 350–450 g, überschüssiges Fett und Silberhaut
entfernt

Den Saft von zwei Orangen in eine kleine Schale geben und beiseitestellen. Die andern zwei Orangen Filetieren. Die Filets zwischen den Trennhäuten herausschneiden und in eine Große Salatschüssel geben. Feldsalat waschen und trockenschleudern. Essig mit Salz, Pfeffer und Olivenöl mischen, Orangenfilets zugeben. Beiseitestellen.

Die Zutaten für die Würzpaste in einer kleinen Schüssel vermengen. Die dünnen, sich verjüngenden Enden der Filets abschneiden und entweder anderweitig verwenden oder zusammen mit den Medaillons grillen. Die Filets in sechs gleich große, etwa 4 cm dicke Medaillons schneiden und die Medaillons rundherum mit der Würzpaste bestreichen. In Frischhaltefolie schlagen und 30 Min. ziehen lassen.

Den Gasgrill für direkte mittlere Hitze (180–230 °C) erhitzen.

Die Medaillons über direkter mittlerer Hitze bei geschlossenem
Deckel 4–6 Min. grillen, bis sie außen gleichmäßig schön gebräunt, im Kern aber noch zartrosa sind. Vom Gasgrill nehmen, 5 Min. ruhen lassen. Medaillons mit

dem Salat auf Tellern anrichten, mit Olivenöl und Orangensaft beträufeln und warm servieren.

Avocado-Birnen-Sellerie-Salat

400 g Rucola
200 g Eisbergsalat
3 Avocados, entkernt, geschält, gewürfelt
2 Birnen, ohne Kerngehäuse, ohne Stielansatz, gewürfelt
1 Stange Sellerie, fein geschnitten
Saft 1 Zitrone
1 Handvoll frischer Thymian, fein gehackt
1 Handvoll Alfalfasprossen
Salz, Pfeffer
etwas Olivenöl
Alle Zutaten in einer großen Schüssel zu einem Salat vermischen.

Flank-Steak-Rolle mit Ananas-Tomaten-Salsa vom Grill

Dauer: 70 Minuten

Portionen: Für vier Personen

Zutaten:

Für das Fleisch:
400g Flanksteak
2 Esslöffel BBQ-Gewürzmischung
1 Paprikaschoten
2 Champignons
1 Kugel Mozzarella

Für die Sauce:
1 Ananas
1 Tomate
1 Bund Koriander
1 Chilischoten
1 Prise Salz
1 Prise Pfeffer
1 rote Zwiebel
2 Frühlingszwiebel
3 Esslöffel Mangochutney

Für die Gewürzmischung:
1 Esslöffel Paprikapulver

1 Esslöffel geräuchertes Paprikapulver
1 Esslöffel Salz
1 Esslöffel Pfeffer
1 Esslöffel Knoblauchgranulat
1 Esslöffel Zwiebelpulver
1 Teelöffel Rohrzucker

So wird es gemacht:
Alle Zutaten für die Gewürzmischung in eine Schüssel geben und miteinander vermengen.
Steak im Schmetterlingsschnitt schneiden und mit der Gewürzmischung einreiben. Mozzarella abtropfen lassen und in feine Scheiben schneiden. Paprika waschen, Strunk entfernen, entkernen und in Scheiben schneiden. Champignons putzen, Stiele entfernen und in Scheiben schneiden. Das Steak mit den Scheiben jeweils belege, aufrollen und mit einem Zahnstocher befestigen.
Für 20 Minuten auf dem Grill braten.
In der Zwischenzeit alle Zutaten für die Sauce in einen Mixer geben und zu einer homogenen Masse verarbeiten.
Steak mit der Sauce zusammen anrichten.

Chickenburger Teriyaki Style

Zuataten:
4 Hähnchenbrustfilets a 150 g.
2 Knoblauchzehe
1 EL Honig
1 Limette
4 Salatblätter
2 Frühlingszwiebeln
2 Zwiebeln
0,5 Salatgurke
4 Eier
40 ml Teriyaki-Sauce
4 Brötchen für den Burger

Zubereitung:
Als erstes müssen die Knoblauchzehen klein gehackt werden. Aus der Teriyaki-Sauce, Knoblauch, dem Honig und der Limettensauce wird dann die einzigartige Marinade hergestellt. Dann die Hähnchenbrustfilets in mundgerechte Stücke schneiden und in die Marinade eintauchen. Das ganze dann eine Stunde im Kühlschrank ziehen lassen.

In der Zwischenzeit die Salatblätter waschen. Die Zwiebeln dann Ringe schneiden und die kleinen Frühlingszwiebeln auch in Ringe schneiden. Danach die Salatgurke in kleine Streifen schneiden.

Das Hähnchenfleisch dann in einer Grillpfanne bei direkter Hitze etwa 10 Minuten grillen. Die restliche

Marinade kann dann nach und nach hinzugegeben werden. Alternativ zur Grillpfanne können die Hähnchenstücke auch direkt auf dem Rost gegrillt werden. Dafür müssen sie aber etwas größer gelassen werden und nach dem Grillvorgang in mundgroße Stücke geschnitten werden. Die Brötchen dann auch kurz auf dem Rost anwärmen.

Danach können die Brötchenhälften dann mit Salat, Gurke und Zwiebeln belegt werden. Danach kommt die Teriyaki Sauce ins Spiel. Diese wird auf das Hähnchenfleisch gegeben und danach mit einem Spiegelei je Burger sowie den Frühlingszwiebeln gekrönt.

Orangen-Rehmedaillons

Zutaten für 4 Personen

800 g Rehrückenfilet
Prise Salz und Pfeffer
1 TL geschrotete Pfefferkörner
2-3 EL Olivenöl
50 g Honig
Saft von 1 Orange

Zubereitung:

Das Rehrückenfilet waschen, abtrocknen, in Medaillons schneiden, mit Pfeffer, Salz und geschroteten Pfefferkörnern würzen.
Die Medaillons mit Olivenöl bestreichen und auf den Grill braten. Den Honig mit dem Orangensaft in einem Topf verrühren und zum Kochen bringen. Vom Herd nehmen und beiseitestellen.
Die gegrillten Medaillons mit der Glasur überziehen.
Die Rehmedaillons anrichten, mit gegrillten Zucchinischeiben und gegrillten Strauchtomaten garnieren und servieren.

Gegrillte Haifischsteaks

Zutaten für 4 Personen:

7 EL Limetten- oder Zitronensaft
1 TL Abrieb von 1 unbehandelten Limette oder Zitrone
4 EL Olivenöl
1 Bund Dill
3 Knoblauchzehen
1 Chilischote, frisch oder getrocknet
Salz und Pfeffer
4 Haifischsteaks, je 180 g
50 g Butter
2 Lauchzwiebeln
Öl für den Grillrost

Zubereitung:

6 EL Limetten- oder Zitronensaft zusammen mit der Schale und dem Olivenöl in eine große flache Schüssel geben. Dill waschen, trocknen, die Blättchen hacken. Knoblauch schälen und durchpressen. Chilischote waschen, entkernen und die Schalen hacken.
Die Hälfte des Dills, Knoblauch, Chili und ½ TL Salz ebenfalls in die Schüssel geben, alles gründlich verrühren. Fischsteaks unter kaltem Wasser waschen und in der Marinade wenden.
Die Schüssel mit Folie abdecken und für 2 Stunden kühl stellen. Zwischendurch die Steaks einmal wenden. Den Grill anheizen und den Grillrost leicht einölen.

Die Steaks etwas abtropfen lassen und von jeder Seite 5 Minuten grillen. Nach dem Wenden mit Marinade einpinseln und etwas pfeffern. Währenddessen die Butter schmelzen und beiseite stellen. Lauchzwiebeln waschen und würfeln.

Mit dem restlichen 1 EL Limetten- oder Zitronensaft und 1 Prise Salz in der heißen Butter verrühren. Haifischsteaks auf Teller verteilen, mit etwas Butter begießen und mit dem restlichen Dill bestreuen. Als Beilagen eignet sich Folien-Kartoffeln, gegrillte Tomaten.

Schweinefleisch-Sandwich

FÜR 4 PERSONEN
ZUBEREITUNGSZEIT: 20 MIN.
GRILLZEIT: 16 BIS 22 MIN.

ZUTATEN FÜR DIE MAYONAISE:

2 Eigelb
200 ml Sonnenblumenöl (oder ein anderes geschmacksneutrales Öl)
2 TL Zitronensaft
1 TL Dijon Senf
Salz und Pfeffer

1 Schweinefilet, etwa 450 g, überschüssiges Fett und Silberhaut
entfernt
½ TL grobes Meersalz
¼ TL schwarzer Pfeffer
Rapsöl

4 Baguettebrötchen oder 1 großes Baguette, in vier je 20 cm lange
Stücke geschnitten
4 grüne Salatblätter
½ Salatgurke, in sehr dünne Scheiben geschnitten
2 Möhren, geschält und grob geraspelt
1 große Handvoll frische Korianderblätter

ZUBEHÖR:
SCHNEEBESEN
SCHMALER MIXBEHÄLTER
DIGITALES FLEISCH THERMOMETER

Eigelb und Senf in einen Rührbecher geben und mit den Schneebesen des Handrührgeräts kurz verrühren.
Ca. ¼ des Öls für das tröpfchenweise einrühren, bis sich Öl
und Eigelb zu einer glatten Creme verbinden.
Dann das restliche Öl in einem dünnen Strahl langsam unter ständigem Rühren zugießen, bis die Masse emulgiert.
Zitronensaft unter die Mayonnaise rühren. Mayonnaise mit Salz,
Pfeffer und evtl. Zitronensaft abschmecken. Beiseitestellen.
Das Schweinefilet rundherum dünn mit Öl bestreichen und mit
Salz und Pfeffer würzen. Beiseitestellen und 30 Min. ziehen lassen.
Den Gasgrill für direkte mittlere Hitze (180–230 °C) erhitzen.
Das Fleisch über direkter mittlerer Hitze bei geschlossenem Deckel 15–20 Min. grillen, dabei alle 5 Min. wenden, bis es außen gleichmäßig gebräunt ist und im Inneren eine Kerntemperatur von 65 °C hat.

Vom Gasgrill nehmen, 5 Min. ruhen lassen, dann in 0,5 cm dicke Scheiben schneiden.

Die Brötchen oder Baguettestücke längs auf- , aber nicht ganz durchschneiden, aufklappen und mit den Schnittflächen nach unten über direkter mittlerer Hitze 1–2 Min. rösten. Vom Grill nehmen. Brötchenhälften jeweils großzügig mit der Mayonnaise bestreichen, mit Salat, Möhren, Gurke, Koriander und Fleischscheiben belegen und servieren.

Möhren-Käse-Salat

20 Möhren, ohne Stielansatz, geraspelt
200 g Frischkäse
300 g Blattspinat
½ Stange Staudensellerie, fein geschnitten
5 TL Honig
1 TL Currypulver
3 EL Olivenöl
30 g Haselnüsse, gemahlen

Die Möhren mit dem Käse und dem Spinat in Alufolie einwickeln und auf dem Grill für ca. 10 Minuten von allen Seiten garen lassen. Der Käse sollte etwas geschmolzen sein. Danach abkühlen lassen.

Den Honig, das Currypulver und das Öl zusammen zu einem Dressing vermengen.

In einer großen Schüssel alle Zutaten gut miteinander vermischen und mit dem Dressing übergießen. Zum Schluss noch die Haselnüsse darüber streuen.

Hähnchenbrust mit Tzatziki

FÜR 4 PERSONEN
ZUBEREITUNGSZEIT: 20 BIS 25 MIN.
GRILLZEIT: 23 BIS 35 MIN.

ZUTATEN FÜR DAS TZATZIKI:
200 g griechischer Joghurt
2 Knoblauchzehen, fein gehackt
½ Gurke, längs halbieren, Kerngehäuse ausgeschabt und geraspelt
1 EL Zitronensaft
1 EL Olivenöl
1 Prise Zucker
2 Stängel Dill, fein gehackt
Salz, Pfeffer

ZUTATEN FÜR DIE WÜRZPASTE:

2 EL Olivenöl
2 EL weiße Zwiebeln, fein gewürfelte
2 kleine Chilischoten, Stiel und Samen entfernt, sehr fein gehackt
Saft von 1 Limette
2 TL getrockneter Thymian
2 TL schwarzer Pfeffer
½ TL gemahlener Zimt
½ TL Cayennepfeffer
½ TL grobes Meersalz

4 halbe Hähnchenbrüste mit Knochen und Haut, je etwa 300 g

Für das Tzatziki Joghurt mit Zitronensaft, Olivenöl, Dill, Knoblauch und Gewürzen verrühren. Gurkenraspel unterheben. Beiseitestellen.

Den Gasgrill für direkte mittlere Hitze (180–230 °C) erhitzen.

Die Zutaten für die Würzpaste in einer mittelgroßen Schüssel
vermengen. Die Haut der Hähnchenbrüste mit den Fingerspitzen
vorsichtig anheben und lockern, ohne sie in der Nähe des Brustbeins
abzulösen. Auf dem freigelegten Brustfleisch je 1 TL Würzpaste
verstreichen, die Haut zurückklappen und die Brüste gleichmäßig mit
der übrigen Paste einreiben.

Die Hähnchenbrüste mit der Hautseite nach unten über direkter mittlerer Hitze bei geschlossenem Deckel 3–5 Min. grillen, bis die Haut goldbraun ist. Hähnchenbrüste wenden, über indirekte mittlere Hitze legen und bei geschlossenem Deckel 20–30 Min. weitergrillen, bis das Fleisch auch im Kern nicht mehr glasig und am Knochen nicht mehr rosa ist. Vom Gasgrill nehmen und 5 Min. ruhen lassen. Warm servieren und nach Belieben gegarten Reis und Bohnen dazu reichen.

Tofu mit Kurkuma-Sojamarinade

650 g Räuchertofu, in feine Scheiben geschnitten
1 TL Kurkuma, gemahlen
1 TL Ingwer, gemahlen
2 EL Tahini/Sesampaste
2 Möhren, ohne Stielansatz, fein gehackt
1 TL Misopaste
1 EL Sojasoße
1 EL Apfelessig
2 EL Wasser
1 TL Zitronensaft
4 EL Olivenöl
1 TL Honig
Salz und Pfeffer zum Abschmecken
Alle Zutaten, bis auf den Tofu zu einer feinen Soße in einem Hochleistungsmixer pürieren.
Die Tofuscheiben in die Marinade legen und ziehen lassen, am besten über Nacht.
Auf den Grill geben und von allen Seiten für ca. 10 Minuten knusprig grillen.

Eingelegtes Gemüse und Schafskäse zum Grillen

Dauer: 35 Minuten

Portionen: Für vier Personen

Zutaten:
4 Portionen gemischtes Gemüse
100ml Sonnenblumenöl
3 Esslöffel Rotweinessig
2 Esslöffel Honig
2 Teelöffel Senf
1 Teelöffel getrockneter Thymian
1 Prise Salz
1 Prise Pfeffer
1 Packung Schafskäse, in Würfel geschnitten

So wird es gemacht:
Alle Zutaten, bis auf das Gemüse und den Käse, in eine Schüssel geben und zu einer Marinade verarbeiten. Das Gemüse waschen und grob hacken. In die Marinade geben und für eine Stunde in den Kühlschrank geben und ziehen lassen. Mit dem Schafskäse gemeinsam in flachen Aluschalen grillen.

Oliven-Ciabatta

Zutaten:
1 Hefewürfel
800 g Roggenmehl
150 g Rucola
150 g schwarze Oliven
6 EL Oliven (schwarz)
Mehl
Salz

Zubereitung:
Hefe in Wasser auflösen
Mehl, Roggenmehl und 3 EL Salz hinzugeben und vermengen
mit Öl verfeinern
verkneten
4 Stunden warten
Rucola und Oliven waschen und zerkleinern
dem Teig beifügen und weiter ziehen lassen
Teig auf bemehlter Arbeitsplatte zu langen Broten verarbeiten
40 Minuten in den Ofen geben

Gegrillte Hähnchenspieße

Zutaten für 4 Portionen

2 EL Koriandersaat
1 TL schwarze Pfefferkörner
1 TL grobes Meersalz
4 Hähnchenbrustfilets (á 180 g)
6 Tomaten
2 Avocado
300 g Blumenkohl
4 Stiele glatte Petersilie
4 EL Weißweinessig
Prise Salz und Pfeffer
3 EL Öl

Zubereitung:

Holzspieße in kaltem Wasser einweichen. Pfefferkörner, Koriandersaat und Meersalz im Mörser fein zerstoßen. Hähnchenfilets in 3 cm breite Streifen schneiden, mit der Gewürzmischung rundum würzen und das Fleisch auf die Holzspieße stecken.
Die Tomaten waschen und in Scheiben schneiden. Avocado längs halbieren und den Kern entfernen. Die Avocadohälften nochmals längs halbieren, schälen und in 2 cm breite Stücke schneiden. Blumenkohl waschen und in 1 cm große Stücke schneiden. Petersilienblättchen hacken. Alles in eine Schüssel

geben, mit Essig, Salz, Pfeffer und 1 Prise Zucker würzen. 3 EL Öl dazugeben und alles mischen.

Die Hähnchenspieße auf den heißen Grill legen und rundherum hellbraun grillen, von jeder Seite 3 Minuten ca. grillen. Mit dem Salat servieren.

Lachsspieße mit zweierlei Butter

Zutaten für 4 Personen:

½ Bund Dill
2 Knoblauchzehen
Saft von 1 Zitrone
100 ml Olivenöl
600 g frisches Lachsfilet
200 g geschälte Garnelen
Salz und schwarzer Pfeffer

Für die Lachsbutter:

125 g zimmerwarme Butter
2 EL Zitronensaft
etwas Abrieb von einer Bio-Zitrone
50 g geräucherter Lachs
Pfeffer
1 EL gehackter Dill

Für die Olivenbutter:

50 g grüne Oliven mit Paprikafüllung
1 Schalotte
125 g zimmerwarme Butter
2 cl Sherry
Pfeffer

Zubereitung:

Dill waschen und hacken. Knoblauch schälen und durchpressen. Dill, Knoblauch, Zitronensaft und Olivenöl verrühren. Lachsfilet in Würfel schneiden.
Lachswürfel und Garnelen abwechselnd auf Spieße stecken. Salzen, pfeffern und mit Öl kräftig einpinseln. Fischspieße in eine Grillschale legen und unter mehrmaligem Wenden ca. 8 Minuten garen. Zwischendurch noch einmal mit Öl bepinseln.
Für die Lachsbutter Butter mit Zitronensaft und -schale cremig rühren. Lachs sehr fein hacken, mit Pfeffer, Dill unter die Butter mengen.
Lachsbutter in ein Gefäß füllen, die Oberfläche glatt streichen, abdecken und zum Festwerden in den Kühlschrank stellen.
Für die Olivenbutter Oliven sehr fein hacken. Schalotte schälen und klein würfeln. Beides mit Butter, Sherry und Pfeffer verrühren und abschmecken.
Butter in ein Gefäß füllen, glatt streichen, abdecken und zum Festwerden in den Kühlschrank stellen.

Putenschnitzel mit Quinoa-Bohnen-Salat

FÜR 4 BIS 6 PERSONEN
ZUBEREITUNGSZEIT: 35 MIN.
GRILLZEIT: 4 BIS 6 MIN.

ZUTATEN FÜR DAS DRESSING:

2 Zitronen
1 EL Tahini (Sesampaste)
1 EL bestes Olivenöl
1 Bund Petersilie
3 EL Wasser
1 EL Ahornsirup
Salz und Pfeffer

ZUTATEN FÜR DEN SALAT:

1,5 kg dicke Bohnenschoten (oder 300g gepalte)
1 kg grüne Erbsenschoten (oder 300g gepalte)
100g Quinoa
3 Frühlingszwiebeln, in dünne Ringe geschnitten

3 EL Olivenöl
1 EL frische Salbeiblätter, fein gehackt
2 TL Knoblauchzehen, zerdrückt und gehackt
1 TL grobes Meersalz

½ TL schwarzer Pfeffer

8 kleine Putenschnitzel, je etwa 100 g schwer und 1,5 cm dick

Bohnen und Erbsen aus den Schoten befreien. Einen großen Topf Wasser zum Kochen bringen. Die Erbsen 2 Min. blanchieren. Herausfischen und in Eiswasser abschrecken. Die Bohnenkerne ins kochende Wasser geben und ebenfalls blanchieren, etwa 4 Min. lang. abgießen, in Eiswasser abschrecken und anschließend die Bohnenkerne aus den Häutchen drücken. Beiseitestellen. Alle Zutaten für das Dressing in einen Mixer geben und eine Minute lang pürieren. Ebenfalls beiseitestellen.

Ein zweiten Topf mit Wasser und einer guten Prise Salz aufsetzen. Den Quinoa gründlich waschen, 15 Min. kochen. Anschließend abgießen und abkühlen lassen.

Erbsen, Bohnen, Frühlingszwiebeln, Quinoa und das Dressing in einer Salatschüssel mischen, beiseitestellen 30 Min. ziehen lassen.

Den Gasgrill für direkte mittlere Hitze (180–230 °C) erhitzen.

Öl mit Salbei, Knoblauch, 1½ TL Salz und dem Pfeffer in einer flachen Form verrühren. Die Schnitzel hineinlegen und im Knoblauch-Salbei-Öl wenden und 30 Min. ziehen lassen.

Die Putenschnitzel über direkter mittlerer Hitze bei geschlossenem Deckel 4–6 Min. grillen, bis die Schnitzel sich auf Druck fest anfühlen und im Kern nicht mehr rosa sind, dabei ein- bis zweimal wenden. Vom

Gasgrill nehmen und warm mit Quinoa-Bohnen-Salat servieren.

Pilz-Möhren-Spieße

500 g Champignons, geputzt, halbiert
5 Möhren, ohne Stielansatz, geschält, in dicke Scheiben geschnitten
3 Knoblauchzehen, gepresst
Saft von 2 Zitronen
6 EL Olivenöl
Salz und Pfeffer zum Abschmecken
12 Grillspieße
In einer Schüssel füllen in Olivenöl, dem Knoblauch und Zitronensaft die Pilze und die Möhren marinieren.
Nun die Champignons und Möhren abwechselnd auf Spieße stecken. So lange grillen, bis die Pilze durchgegart sind.

Steak - Grill – Butter

Dauer: 15 Minuten

Portionen: Für fünf Personen

Zutaten:
250g Butter
1 Prise Paprikapulver
1 Esslöffel Tomatenmark
½ Teelöffel Buttermilch
1 Prise Salz
1 Zwiebel
2 Knoblauchzehen
1 Prise Chili
1 Teelöffel Senf
½ Teelöffel Essig
1 Prise Zucker
1 Teelöffel Zitronensaft
1 Prise gemahlenen Pfeffer
1 Prise frisch gehackte Kräuter

So wird es gemacht:
Zwiebel schälen, waschen und sehr fein hacken. Knoblauch schälen, waschen und sehr fein hacken. Alle Zutaten in eine Schüssel oder in einen Mixer geben und zu einer Marinade verarbeiten. Die Marinade für mehrere in den Kühlschrank lagern. Die Marinade kann sowohl kalt als auch warm serviert werden.

Joghurt-Dip mit Knoblauch

Zutaten:
150 g Joghurt
2 Knoblauchzehen
1 TL Worcestersoße
2 TL Mayonnaise
etwas Petersilie
Pfeffer
Salz

Zubereitung:
Knoblauch und Petersilie zerkleinern
mit Salz und 1 TL Joghurt vermixen
restlicher Joghurt, Mayonnaise, Worcestersoße und Kräuter vermengen
das ganze zusammenfügen und mit Salz und Pfeffer verfeinern.

Gegrillte Kräuter-Forellen / Heringe

Zutaten für 4 Personen

4 küchenfertige Heringe oder Forellen
Saft 1 Zitrone
Einige Tropfen Worcestersauce
Prise Salz und Pfeffer
50 g gemischte Kräuter (Dill, Petersilie, Estragon)
100 ml Olivenöl
1 EL Kräuter der Provence
1 EL geriebene Zitronenschale
Salatblätter, Zitronenspalten und Tomatenhälften zum Garnieren

Zubereitung:

Die Fische waschen, trocken tupfen und mit Zitronensaft und Worcestersauce beträufeln. Die Fische von Innen und außen mit Pfeffer und Salz würzen.
Die Kräuter waschen und die Fische füllen und diese dann für 15 – 20 Minuten im Kühlschrank ziehen lassen.
Das Olivenöl mit den Kräutern der Provence und den Zitronenschalen verrühren.
Die Fische mit dem Gewürz Öl bestreichen und auf dem Grill garen.

Die gegrillten Kräuterfische vom Grill nehmen und auf Tellern anrichten.

Die Kräuterfische mit den Salatblättern, Zitronenspalten und Tomatenhälften garnieren.

Seitan Grillwurst

Zutaten für 4 Personen:

150 g Seitanmehl
15 g Hefeflocken
2 TL Paprikapulver
1 TL Zwiebelpulver
1 TL Knoblauchpulver
1 Msp. Kreuzkümmel
1 Msp. Pfeffer
1 ½ TL Salz
3 EL Olivenöl
2 EL Sojasauce
3 EL Tomatenmark
½ TL Senf
1 Prise Zucker
175 ml Wasser

Zubereitung:

In einer Schüssel Hefeflocken, Seitanmehl, Knoblauch, Kreuzkümmel, Paprikapulver, Salz, Pfeffer, Zwiebelpulver verrühren. In einer zweiten Schüssel Senf, Öl, Tomatenmark, Sojasauce und Wasser ebenfalls verrühren.
Die flüssigen Zutaten in die trocknen Zutaten geben und zu einem Teig kneten danach aus dem Teig die Grillwürste formen.

Die Würstchen erst in Backpapier und danach in Alufolie wickeln. Im Backofen bei 180 Grad ca. 50 Minuten garen. Herausnehmen und auf den Grill geben, damit sie noch etwas Farbe bekommen.

Lachsspieße

FÜR 4 BIS 6 PERSONEN
ZUBEREITUNGSZEIT: 30 MIN.
GRILLZEIT: 3 BIS 6 MIN.

ZUTATEN FÜR DIE SAUCE:

1 Lachsfilet ohne Haut, etwa 1 kg, Gräten entfernt
125 ml Muschelfond (ersatzweise Fischfond)
4 Eigelb (Größe L)
1 EL Butter
2 EL frische Estragonblätter, fein gehackt
Saft und fein abgeriebene Schale von 1 Bio-Zitrone
1 mittelgroße Bio-Orange
1 TL Speisestärke
Salz und Pfeffer
Olivenöl

ZUBEHÖR:
12 METALL- ODER HOLZSPIESSE (HOLZSPIESSE MIND. 30 MIN. GEWÄSSERT)

Den Gasgrill für direkte starke Hitze (230–290 °C) erhitzen.
Lachsfilet in 2 cm dicke Scheiben schneiden und auf Spieße ziehen.
Rundherum großzügig mit Öl bestreichen und gleichmäßig mit Salz und Pfeffer würzen.

Die Lachsspieße über direkter starker Hitze bei geschlossenem Deckel 2–4 Min. grillen, bis sie sich ohne haften zu bleiben mit einer Grillzange vom Rost lösen lassen.

Wenden und bis zum gewünschten Gargrad weitergrillen, 1–2 Min. für medium (nicht ganz durchgebraten). Warmhalten.

Schale der Orange fein abreiben und beiseitestellen. Die Orange
auspressen, 125 ml Saft abmessen und in einen mittelgroßen schweren Topf gießen. Speisestärke hinzufügen und mit einem Schneebesen glatt rühren. Muschelfond und Eigelb unterschlagen. Die Sauce auf mittlerer Stufe unter ständigem Rühren erhitzen, bis sie nach etwa 4 Min. dickflüssig wird und sanft köchelt. Den Topf vom Herd nehmen. Estragon, Butter, Orangen- und Zitronenschale und den Zitronensaft zur Sauce geben und rühren, bis die Butter vollständig geschmolzen ist. Sauce mit Salz und Pfeffer abschmecken.

Lachsspieße auf Tellern anrichten, Sauce darüberlöffeln und nach Belieben mit gegrilltem grüner Spargel servieren.

Fenchel-Orangen-Spieße

5 Knollen Fenchel, ohne Strunk, in feine Streifen gerissen
5 Orangen, geschält, entkernt, in Würfel geschnitten
5 EL Honig
1 EL weißer Pfeffer
1 EL Cayennepfeffer
etwas Pflanzenöl
12 Grillspieße

Aus dem Öl, dem Honig und den zwei Pfeffersorten eine Marinade herstellen. Dann den Fenchel darin ziehen lassen.

Alle Zutaten abwechselnd auf die Spieße stecken. Nun auf dem Grill von allen Seiten für ca. 10 Minuten anbraten.

Marinierte Dorade vom Grill

Dauer: 40 Minuten

Portionen: Für vier Personen

Zutaten:
1 Fisch
1 Esslöffel Olivenöl
4 Frühlingszwiebeln, in feine Streifen geschnitten
4 Prisen Salz

Für die Marinade:
2 gepresste Knoblauchzehen
1 kleines Stück geriebenen Ingwer
1 Zitrone, Saft
1 Bund Koriander, fein gehackt
2 Esslöffel Fischfond
1 Esslöffel trockener Sherry

So wird es gemacht:
Fisch von innen und außen waschen, trocken tupfen und von beiden Seiten salzen. Alufolie mit Olivenöl bepinseln und Fisch darauf platzieren. Daneben die Zwiebeln platzieren.
Nun alle Zutaten für die Marinade in eine Schüssel geben und zu einer Sauce verarbeiten. Die Sauce über den Fisch beträufeln lassen und anschließend die Alufolie zusammenfalten. Für eine Stunde den Fisch darin marinieren lassen.

Zum Schluss für 30 Minuten auf dem Grill grillen.

Knoblauch - Soja - Marinade zum Grillen

Dauer: 10 Minuten

Portionen: Für vier Personen

Zutaten:
4 Esslöffel süße Sojasauce
4 Esslöffel Olivenöl
2 Esslöffel Tomatenketchup
1 Esslöffel Essig
1 Prise gemahlener Pfeffer
2 Knoblauchzehen

So wird es gemacht:
Knoblauch schälen, waschen und sehr fein hacken. Alle Zutaten nun nach und nach in einen Mixer geben und sehr fein pürieren und zu einer Marinade verarbeiten. Die Marinade für mehrere Stunden im Kühlschrank abkühlen lassen. Die Marinade kann sowohl kalt als auch warm genossen werden.

Cevapcici (Kroatien)

Zutaten:
500 g Rinderhackfleisch
500 g Hammelhackfleisch
2 Zwiebeln
3 Knoblauchzehen
Paprikapulver
Salz
Pfeffer

Zubereitung:
Zwiebeln sowie Knoblauchzehen zerkleinern
Hackfleisch mit Paprikapulver, Zwiebeln und Knoblauchzehen vermengen
salzen und pfeffern
aus der Masse Röllchen/Würstchen anfertigen
20 Minuten in den Kühlschrank geben
mit Öl bestreichen
für 10 Minuten auf den Grill geben
gelegentlich wenden

Eingelegtes Grillgemüse

Zutaten für 4 Personen

1 Aubergine
1 Zucchini
Je 1 rote, gelbe und grüne Paprikaschote
5-6 Knoblauchzehen
2-3 Zweige Rosmarin
3-4 Zweige Thymian
1 EL gemahlene Pfefferkörner
500 ml Olivenöl zum Auffüllen
Prise Salz und Pfeffer

Zubereitung:

Die Aubergine und die Zucchini waschen, in Scheiben schneiden und in eine Schüssel geben.
Die Paprikaschoten halbieren, entkernen, waschen und in mundgerechte Würfel schneiden.
Die Knoblauchzehen schälen, in Scheiben schneiden, mit dem Paprikawürfeln, den gewaschenen Kräuter und den Pfefferkörnern zum Gemüse geben. Das Ganze vermischen und in Einmachgläser füllen.
Das Gemüse mit dem Olivenöl auffüllen – das Gemüse soll vollständig bedeckt sein -, die Gläser verschließen und im Kühlschrank mindestens drei Tage marinieren.
Vor dem Grillen das Gemüse aus dem Olivenöl nehmen, abtropfen lassen und auf dem Grill garen.

Das Grillgemüse salzen und pfeffern und sofort servieren.

Leckere Obst Spieße (Vegan)

Zutaten:

Obst nach Belieben
Agavendicksaft

Zubereitung:

Obst waschen, würfen bzw. kleinschneiden und abwechselnd auf die Spieße stecken. Es eignen sich sehr gut Erdbeeren, Äpfel, Birnen, Mangos, Bananen, Ananas, Trauben, Wassermelone sowie Pfirsiche.
Von allen Seiten grillen und mit Agavendicksaft garnieren. Eine schnelle und süße Nachspeise.

Heilbuttfilets im Speckmantel

FÜR 4 PERSONEN
ZUBEREITUNGSZEIT: 10 MIN.
MARINIERZEIT: 30 MIN.
GRILLZEIT: ETWA 8 MIN.

ZUTATEN FÜR DIE MARINADE:

8 dünne Scheiben Räucherspeck
1 TL frische Rosmarinnadeln, fein gehackt
1 TL frische Oreganoblätter, fein gehackt
1 Knoblauchzehe, zerdrückt
Salz und Pfeffer

4 Heilbuttfilets, je knapp 200 g schwer und 3 cm dick
1 Bio-Zitrone, in feine Scheiben geschnitten
2 EL Olivenöl

ZUBEHÖR:
4–8 ZAHNSTOCHER

Den Gasgrill für direkte mittlere Hitze (180–230 °C) erhitzen.
Die Zutaten für die Marinade in einer mittelgroßen Schüssel vermischen. Die Heilbuttfilets einlegen und in der Marinade wenden. Beiseitestellen und 30 Min. ziehen lassen.

Filets aus der Marinade nehmen und überschüssige Marinade
abtropfen lassen (Marinade weggießen). Jedes Filet mit 2 Speckscheiben umwickeln, dass sie die Oberseite der Filets möglichst vollständig bedecken und sich ihre Enden auf der Unterseite knapp überlappen. Speckscheiben auf der Unterseite mit Zahnstochern fixieren.

Die Fischfilets mit der Unterseite nach unten über direkter mittlerer Hitze bei geschlossenem Deckel etwa 8 Min. grillen, bis der Speck braun und knusprig und das Fischfleisch im Kern nicht mehr glasig ist, dabei ein- bis zweimal wenden. Vom Gasgrill nehmen Zitronensaft darüberlöffeln und warm servieren.

Feta-Auberginenstreifen

2 Auberginen, ohne Stielansatz
350 g Feta, in dünne Scheiben geschnitten
½ Handvoll frischer Dill, fein gehackt
10 EL Olivenöl
Salz und Pfeffer zum Abschmecken

Die Auberginen in 3 – 4 mm dünne schräge Scheiben schneiden. Mit Salz bestreuen und ca. 15 Minuten ziehen lassen.

Jeweils 2 Schichten Auberginen und Feta abwechselnd übereinander türmen. Mit Dill bestreuen und Olivenöl darüber träufeln.

In Alufolie einwickeln und am Grill ca. 15 Minuten durchgaren.

Banane mit Honig und Mandeln vom Grill

Dauer: 10 Minuten

Portionen: Für eine Person

Zutaten:
1 reife Banane
3 Esslöffel gehobelte Mandeln
3 Esslöffel flüssiger Honig

So wird es gemacht:
Banane schälen und in Alufolie umwickeln. Mit einer Gabel mehrmals in die Banane einstechen. Mit Honig übergießen und mit den Mandeln bestreuen. In die Folie gut einwickeln.
Für zehn Minuten auf den Grill geben.

Gegrillte Auberginen (Argentinien)

Zutaten:
4 kleine Auberginen
2 gehackte Knoblauchzehen
3 EL Olivenöl
1 TL getrocknetes Oregano
1 TL getrocknetes Basilikum
halber TL getrockneter Thymian
1 TL süße Paprika
roter Pfeffer
Salz

Zubereitung:
Als erstes müssen die Auberginen längs aufgeschnitten werden. Als nächstes wird der Knoblauch mit dem Olivenöl gemischt und die Auberginen mit der Knoblauch-Öl Mischung bepinselt.
Danach mischen Sie die Kräuter, die Paprika und den Pfeffer und das Salz miteinander.
Danach müssen die Auberginen für 5 bis 10 Minuten auf den Grill gepackt werden und währenddessen mit der Gewürzmischung bestreut werden. Guten Appetit!

Gegrillter Halloumi mit Chili-Basilikum-Salsa

Zutaten für 6 Scheiben

400 g Halloumi
300 g Erdbeeren
15 g rote Zwiebeln
½ rote Chilischote
4 Stiele Basilikum
1 EL Olivenöl
3 EL dunkler Balsamico-Essig
1 EL flüssiger Honig
Prise Salz und schwarzer Pfeffer

Zubereitung:

Für die Salsa Erdbeeren waschen und in kleine Würfel schneiden. Zwiebeln schälen und fein würfeln. Chili waschen, entkernen und ebenfalls fein würfeln. Basilikum waschen, trocken schütteln, Blätter abzupfen und in feine Streifen schneiden.
Alle Zutaten: in eine Schüssel vermischen. Essig, Öl und Honig untermengen und mit Salz und Pfeffer würzen.
Halloumi jeweils horizontal in 3 dicke Scheiben .
Den Halloumi ca. 3-4 Minuten bei mittlere Hitze von jeder Seite goldbraun grillen. Anschließend mit der Chili-Basilikum-Salsa servieren.

Feta-Auberginen Sandwich

FÜR 4 PERSONEN
ZUBEREITUNGSZEIT: 15 BIS 20 MIN.
GRILLZEIT: 3 BIS 5 MIN.

8 Scheiben Roggenmischbrot
100g Fetakäse, in Streifen geschnitten
½ Aubergine
2 mittelgroße Tomaten
½ kleine Zwiebel
1 Knoblauchzehe
6 Blätter Basilikum
4 TL Allos Toskana (Brotaufstrich)
Salz und Pfeffer

Die Tomaten vom Strunk befreien und die Kerne mit einem Löffel entfernen. Das Fruchtfleisch würfeln. Zwiebel und Knoblauch pellen und zusammen mit dem Basilikum sehr fein hacken. Alles miteinander vermischen und mit Salz und Pfeffer abschmecken.
Die Aubergine in Scheiben schneiden und salzen. Für 10 min stehen lassen und anschließend das Salz abwaschen.

Den Gasgrill für direkte mittlere Hitze (180–230 °C) erhitzen.

Die Auberginenscheiben mit Pflanzenöl bestreichen, mit Salz und Pfeffer würzen und über direkter mittlerer Hitze bei geschlossenem Deckel 3–5 Min. grillen, bis sich Grillstreifen bilden. In der letzten Minute die Brotscheiben über direkter Hitze leicht rösten. Beides vom Gasgrill nehmen.

Die Brotscheiben halbieren und beide Seiten mit dem Brotaufstrich bestreichen. Die unteren Hälften mit Feta, Bruschetta und Auberginenscheiben belegen, die oberen Brotscheiben daraufsetzen und warm servieren.

Kartoffeln mit Kräutersoße

12 Kartoffeln, geschält
800 g Sojajoghurt
4 EL Guarkernmehl
Saft von 2 Zitronen
etwas Thymian, Rosmarin, Oregano und Dill
Salz und Pfeffer zum Abschmecken

Den Sojajoghurt mit den Kräutern, Salz, Pfeffer und dem Zitronensaft abschmecken. Danach langsam das Guarkernmehl eingießen und fest werden lassen.

Die Kartoffeln in etwas Alufolie einlegen, salzen und gut zudrücken. Am Grill für ca. 20 Minuten von allen Seiten durchgaren. Zum Schluss mit der Kräutersoße servieren.

Philippinisches BBQ (Philippinen)

Zutaten:
700 g magere Putenbrust
70ml Zitronensaft
200ml Sojasauce
3 EL Knoblauch
1 große Zwiebel
200 ml Ketchup
1 TL Pfeffer
3 EL brauner Zucker
Schaschlikspieße

Zubereitung:
In eine Schüsse den Zitronensaft, die Sojasauce, sehr fein gewürfelten Knoblauch, die sehr fein gewürfelte Zwiebel, das Ketchup, Pfeffer und Zucker hineingeben. Dann alles gut miteinander verrühren. Die Marinade kurz stehen lassen.
Nun das Fleisch kleinschneiden und auf die Schaschlikspieße führen. Das Spiße mit dem Fleisch dann für marinieren und alles für 6 Stunden einziehen lassen.
Jetzt sind die Spieße bereit dafür gegrillt zu werden. Die Spieße unter mehrmaligen Wenden für ca 12

Minuten auf den Grill lassen und bei Bedarf während des Grillvorgangs noch etwas mit Marinade einpinseln.

Bunter Sommersalat

Zutaten für 2-3 Personen
100 g frische Spinatblätter
100 g Gouda am Stück
100 g roher, magerer Schinken am Stück
3 Tomaten
2 hartgekochte Eier
4 grüne Oliven, gefüllt mit Paprika
1 Banane
5 EL Öl
3 EL Zitronensaft
Prise Salz und Pfeffer
1 TL gemischte Salatkräuter (getrocknet)

Zubereitung:

Die Spinatblätter waschen, dabei die harten Stiele entfernen. Die Blätter auf einem Sieb gut abtropfen lassen.
Den Käse in schmale Stifte und den rohen Schinken in kleine Würfel schneiden. Die Tomaten waschen und achteln (je nach Größe). Die hartgekochten Eier pellen und in Spalten schneiden. Die Oliven und die geschälte

Banane in dünne Scheiben schneiden. Alles miteinander vorsichtig vermischen.

Für das Dressing Öl, Zitronensaft, Salz, weißer Pfeffer und Salatkräuter verrühren. Das Dressing gleichmäßig über den Salat geben und sofort servieren.

Veganer Makkaronisalat mit Mandeldressing

FÜR 4 PERSONEN
ZUBEREITUNGSZEIT: 15 MIN.
VORBEREITUNGSZEIT: 10 MIN.

ZUTATEN FÜR DAS DRESSING:

200 g Mandeljoghurt
50 g vegane Mayonnaise
4 EL weißes Mandelmus
Saft einer halben Zitrone
Salz und Pfeffer

ZUTATEN FÜR DEN SALAT:

500 g Makkaroni
200 g tiefgekühlte Erbsen
100 g Mandeln
2 Paprika (gelb und rot)

1 Gurke
1 rote Zwiebel
6 EL Schnittlauch und Dill, fein gehackt

Jeweil zwei Töpfe mit Wasser für die Nudeln und Erbsen aufsetzen.

Gurke, Paprikaschoten und rote Zwiebel fein würfeln. Mandeln grob hacken. Beiseitestellen
Die Erbsen in einem Topf mit köchelndem Wasser ca. 2-3 Min. blanchieren, danach in ein Eisbad geben und abgießen. Abtropfen lassen.
Die Nudeln nach Packungsanweisung garen, abgießen und mit dem geschnittene Gemüse, Erbsen und Mandeln in eine große Schüssel geben und gut vermengen.
Mandeljoghurt, vegane Mayonnaise, Mandelmus und Zitronensaft in eine Schüssel geben und vermengen. Mit Salz und Pfeffer abschmecken. Das Dressing zum Salat geben und vermengen.
Schnittlauch und Dil hinzufügen, durchmischen und warm servieren.

Gerösteter Fenchel vom Grill

Fenchel ist sehr speziell und wird nicht von jedem gemocht. Wird er gegrillt, verwandelt er sich in eine wahre kulinarische Delikatesse. Er schmeckt leicht bitter und genau diese Bitterstoffe regen unsere Verdauung an. Damit wird der Fenchel zu einem hervorragenden, gesunden Snack zwischen Geflügel, Fisch und Co.

Zutaten für 2 Portionen:
2 Fenchelknollen
2 EL Balsamico Essig
2 EL Olivenöl
50 g Cashew-Nüsse
Salz, Pfeffer zum Abschmecken

Zubereitung:
Wir schneiden die Fenchelknollen in mundgerechte Happen und achten dabei darauf, dass wir Strunk und Stiel entfernen. Die Gewürze werden in einer Schüssel zu einem Sud verrührt, in dem die Fenchelstücke eingelegt werden ... und zwar je länger desto geschmacklich besser.
Anschließend werden die fein gehackten Cashew-Nüsse hinzugegeben. Nun können kleine Portionen der Fenchel-Leckereien in Folie gewickelt und für 3 bis 5 Minuten auf glühender Kohle gegrillt werden.

Gegrillte Kürbisblüten mit Chili und Parmesan

4 Personen

Zutaten:

8 Kürbisblüten
1 Chilischote getrocknet
50 g Parmesan gerieben
3 Stiele Oregano
1 Limette
4 EL Olivenöl
Salz
Pfeffer

Zubereitung:

Rund um die Stielansätze die äußeren spitzen Blätter entfernen.
Dabei vorsichtig die Blüten öffnen, herauslösen und die Enden abschneiden.
In einer Schüssel mit Limettensaft und Olivenöl, die feingehakte Chili und die Oregano Blätter verrühren
Die Grillplatte nun erhitzen und bei mittlerer Hitze für 4-5 Minuten die Blüten rundherum grillen. Mit Pfeffer und Salz würzen und auf die Grillplatte geben, gleichmäßig mit der Limettensaft Marinade beträufeln.

Den Parmesan darüber streuen und 15 Minuten überbacken lassen.

Saftiges Pulled Pork

Zutaten für 4 Portionen:
- 1 kg Schweinenacken

- Zutaten für die Würzmischung:
- 1 EL Chilipulver
- 1 EL Meersalz, grob
- 1 TL Pfeffer, frisch gemahlen
- 1/2 TL Senfpulver

- Zutaten für die Sauce:
- 100 ml Ketchup (Bull's-Eye Tomato Ketchup Dried Tomato)
- 50 ml Apfelessig
- 1/2 TL Chilisauce
- 1/2 TL Worcestersauce
- etwas Senfpulver
- 1/2 Meersalz, grob
- 1 Prise Pfeffer, frisch gemahlen

- Außerdem:
- 5 Sandwichbrötchen
- Holzchips (Hickory oder Mesquite)

Zubereitung:

1. Den Gasgrill auf 120 - 150 °C indirektes Grillen vorheizen. Die Holzchips mindestens 30 Minuten wässern.

2. Die ganzen Zutaten für die Würzmischung in einer kleinen Schüssel vermischen. Den Schweinenacken rundherum mit der Würzmischung kräftig einreiben.
3. Den Braten bei einer Temperatur von mind. 120 °C bis max. 150 °C acht Stunden indirekt grillen. Dabei in den ersten drei Stunden jeweils eine Handvoll Holzchips in einer Räucherbox auf einen der eingeschalteten Brenner stellen, jeweils für ca. eine Stunde. Dabei kurzzeitig die Temperatur des Brenners erhöhen und, sobald die Holzchips anfangen zu Räuchern, wieder runter regulieren. Nach ca. acht Stunden Garzeit das Fleisch vom Grill nehmen und gut in Alufolie einwickeln, dann das Fleisch 30 Minuten lang ruhen lassen.
4. Die Zutaten für die Sauce in einem Topf bei niedriger Temperatur zum Kochen bringen. 5 Minuten köcheln lassen, dabei öfter umrühren. Die Sauce sollte scharf und würzig sein, evtl. nachwürzen.
5. Das Fleisch in einer großen Auflaufform oder auf dem Backblech mit den Fingern oder zwei Gabeln schön zerpflücken.
6. Die gewünschte Menge Fleisch mit der Sauce vermengen und auf den Sandwichbrötchen verteilen.

Klassischer Nudelsalat

Zubereitungszeit: 35 Minuten
Portionen: 4

Zutaten:

- 200 g vorgekochte Erbsen
- 200 g vorgekochter Mais
- 1 Bund Petersilie
- 300 g Nudeln
- 150 g Joghurt
- 150 g Fleischwurst
- 4 EL Sonnenblumenöl
- 3 EL Balsamico Essig
- 1 EL Senf
- Meersalz und Pfeffer

Zubereitung:
1. Die Nudeln nach Packungsanweisung garen.
2. In der Zwischenzeit die Petersilie säubern und hacken, die Fleischwurst würfeln, den Joghurt mit

Essig, Sonnenblumenöl, Senf und Gewürzen vermengen.
3. Anschließend alle Zutaten vermischen.

BBQ Garnelen in Honig - Senf - Sauce

Zutaten

500 g Riesengarnelen

4 EL Ahornsirup oder Honig

1 EL mittelscharfer Senf

1 EL Tomatenmark

2 EL Sojasauce

1 TL, gestr. Chilipulver

1 TL Oregano

1 TL, gestr. Paprikapulver, süß

2 TL, gestr. Knoblauchpulver

1 EL Öl

1 EL Essig oder Balsamico

 Salz und Pfeffer

Zubereitung

- Waschen Sie die Garnelen.
- Alle restlichen Zutaten miteinander vermischen und glattrühren und die rohen Garnelen darin etwa 30 Minuten ziehen lassen.

- Anschließend die Garnelen samt der Marinade auf Spieße stecken und von beiden Seiten grillen.

BBQ Garnelen in Honig - Senf – Sauce

Zutaten
500 g Riesengarnelen
4 EL Ahornsirup oder Honig
1 EL mittelscharfer Senf
1 EL Tomatenmark
2 EL Sojasauce
1 TL, gestr. Chilipulver
1 TL Oregano
1 TL, gestr. Paprikapulver, süß
2 TL, gestr. Knoblauchpulver
1 EL Öl
1 EL Essig oder Balsamico
Salz und Pfeffer

Zubereitung

- Waschen Sie die Garnelen.
- Alle restlichen Zutaten miteinander vermischen und glattrühren und die rohen Garnelen darin etwa 30 Minuten ziehen lassen.
- Anschließend die Garnelen samt der Marinade auf Spieße stecken und von beiden Seiten grillen.

Köfte

Zutaten:
500g Hackfleisch vom Lamm (Rind ist auch möglich)
1 Zwiebel
1 Zehe Knoblauch
½ Bund Petersilie
½ TL Kreuzkümmel
1 TL Paprikapulver
Salz
Pfeffer

Köfte darf bei einem türkischen Grillen nicht fehlen. Normalerweise werden diese Frikadellen eher aufgespießt, aber sie schmecken auch „lose" sehr gut.

Zubereitung:
Zwiebeln, Knoblauch und Petersilie in feine Stücke hacken, mit Hackfleisch vermengen, würzen und gut vermischen.
Hackfleischmasse zu länglichen Fleischrollen formen und um die Spieße drücken
5 bis 8 Minuten von beiden Seiten grillen.

Der Klassiker: Kartoffeln vom Grill

Sie dürfen einfach nicht fehlen. Kartoffeln in Kohle gegart sind einfach ein wahres Gedicht. Sie komplementieren wirklich jedes Grillvergnügen und passen perfekt zu Würstchen, Gemüse und Geflügel. Mit unserer raffinierten Kräuterfüllung sind diese Kartoffeln wirklich eine kulinarische Meisterleistung.

Zutaten für 2 Portionen:
500 g kleine Kartoffeln
1 Zweig Rosmarin
2 Zweige Salbei
6 Stängel Thymian
Olivenöl
Salz, Pfeffer zum Abschmecken

Zubereitung:
Die Kartoffeln werden mit der Schale in Salzwasser für gute 20 Minuten gekocht. Etwas abkühlen lassen. Die Kräuter zerhacken und mit dem Olivenöl zu einer Marinade verrühren, mit der die Kartoffeln bestrichen werden. Dann können die Kartoffeln auch schon auf den Grill. Entweder direkt an die Glut oder auf die Grillschale. Nach 20 Minuten können die Kräuterkartoffeln genossen werden.

Leckerer Chefsalat

4 Portionen

Zutaten:

2 Möhren
1 Eisbergsalat
2 kleiner Radicchio
2 Hände Rucola
1 Gurke
16 Kirschtomaten
4 Frühlingszwiebeln
150 g Emmentaler
300 g Lachsschinken
4 Eier
150 ml Kalbsfond aus dem Glas
4 EL Sonnenblumenkerne
2 EL Rapsöl
3 TL Senf
2 TL Honig
Salz, Pfeffer

Zubereitung:

In kochendem Wasser für ca. 8 Minuten die Eier hartkochen. Das Gemüse waschen. Für das Dressing den Senf mit Honig Rapsöl und Kalbsfond vermengen und mit Pfeffer und Salz abschmecken. Die Gurke in dünne Scheiben hobeln und die Möhren grob raspeln. Die Frühlingszwiebeln in dünne Ringe schneiden und die Kirschtomaten waschen in hälften schneiden. Den Käse mit Hilfe eine Sparschälers und den Schinken in feine Streifen schneiden Die Eier pellen und Vierteln, die Salate in mundgerechte Stücke zupfen und mit dem Dressing mischen. Restliche Zutaten zugeben und zeitnah servieren

Gegrillter Karpfen

Zutaten für 4 Portionen:
- 1 Karpfen
- 1 Zwiebel
- 2 Zitronen, Bio

- Petersilie
- n. B. Kräuter, oder Suppengrün
- Salz, grob
- Pfeffer, frisch gemahlen

Zubereitung:

1. Den ausgenommenen und entschuppten Karpfen unter fließendem Wasser gut säubern. Den Karpfen mit etwas Zitronensaft beträufeln und mit grobem Salz und frisch gemahlenem Pfeffer außen und innen einreiben.
2. Die Bauchhöhle mit Zitronenscheiben auslegen, darauf Zwiebelringe und Kräuter, man kann auch Suppengrün verwenden, anschließend wieder Zwiebelringe und Zitronenscheiben.
3. Auf eine Grillschale legen und obenauf Zitronenscheiben legen.
4. Will man die Haut mitessen, die Schale mit etwas Öl bestreichen, sonst klebt die Haut fest.
5. Bei geschlossenem Deckel und 200°C von jeder Seite je 20 Minuten grillen. Die Grillzeit richtet sich nach dem Gewicht des Karpfen.

Tomatenbrot

Zubereitungszeit: 1 Stunde und 45 Minuten
Portionen: 1 Brot

Zutaten:

- 500 g Mehl
- 7 g Hefe
- 170 ml warmes Wasser
- 150 ml passierte Tomaten
- 3 EL Olivenöl
- 2 Schalotten
- ½ Bund Petersilie
- ½ Zitrone
- 4 EL Pinienkerne
- Meersalz und Pfeffer

Zubereitung:
1. Das Mehl mit Salz in eine Schüssel geben, die Hefe, das warme Wasser und ein Esslöffel Öl hinzugeben und etwa 10 Minuten durchkneten.
2. Den Teig abgedeckt 1 Stunde an einem warmen Ort ruhen lassen.
3. In der Zwischenzeit die Schalotten schälen und hacken, die Petersilie säubern und hacken, die Zitrone auspressen, die Pinienkerne ohne Öl in einer Pfanne anrösten.

4. Jetzt Teig durchkneten und ausrollen.
5. Nun die Zutaten auf dem Teig verteilen, diesen aufrollen und auf dem Grill backen.

Feurige Kartoffelspieße vom Grill

Zutaten

600 g kleine Frühkartoffeln
2 rote Chilischoten
2 Knoblauchzehen
2 EL Olivenöl
Salz und Pfeffer

Zubereitung

- Die Kartoffeln in der Schale ca. 10 Minuten fast garkochen.
- In der Zwischenzeit die Chilischoten entkernen. Knoblauch und Chilischoten sehr fein würfeln. Alternativ können Sie auch getrocknete Chilischoten verwenden.
- Knoblauch, Chili, Salz und Pfeffer in das Olivenöl geben und die heißen Kartoffeln darin schwenken.

- Nach dem Abkühlen auf Spieße stecken und einige Minuten von beiden Seiten auf den heißen Grill geben.

Feurige Kartoffelspieße vom Grill

Zutaten
600 g kleine Frühkartoffeln
2 rote Chilischoten
2 Knoblauchzehen
2 EL Olivenöl
Salz und Pfeffer

Zubereitung

Die Kartoffeln in der Schale ca. 10 Minuten fast garkochen.

In der Zwischenzeit die Chilischoten entkernen. Knoblauch und Chilischoten sehr fein würfeln. Alternativ können Sie auch getrocknete Chilischoten verwenden.

Knoblauch, Chili, Salz und Pfeffer in das Olivenöl geben und die heißen Kartoffeln darin schwenken.

Nach dem Abkühlen auf Spieße stecken und einige Minuten von beiden Seiten auf den heißen Grill geben.

Freekeh-Salat

Zutaten:
150g Freekeh (aus dem türkischen Geschäft oder dem Reformhaus)
200 ml Wasser
½ TL Salz
4 EL Olivenöl
Saft einer frisch gepressten Zitrone
1 Bund glatte Petersilie, geschnitten
5 Stängel frische Minze, geschnitten
3 bis 4 Frühlingszwiebeln, geschnitten
1 Spitzpaprika, gewürfelt
Evtl.: Granatapfelkerne zum Verzieren, Granatapfelsirup (im türkischen Geschäft erhältlich) zum Würzen

Falls Ihnen der Name dieses als Superfood gehandelten Lebensmittel nichts sagt: bei Freekeh bzw. Firik, wie er auf Türkisch heißt, handelt es sich um Weizen, der noch unreif geerntet, getrocknet und geröstet wurde. Im Prinzip ähnelt er damit Grünkern, nur dass letztere aus Dinkel gewonnen wird. Falls Sie kein Freekeh bekommen können, können Sie Grünkern auch als Ersatz verwenden. In beiden Fällen wird dieser Salat auf jeden Fall satt machen.

Zubereitung:
Freekeh in ein Sieb geben, unter dem Wasserhahn

abwaschen. Mit Wasser und Salz in einen Topf geben, kurz aufkochen, Deckel schließen, dann etwa 20 Minuten bei geringer Hitze ziehen lassen, bis das Wasser aufgesogen ist. Zitronensaft und Olivenöl hinzugeben, vermengen und abkühlen lassen. Frühlingszwiebeln, Spitzpaprika, Petersilie und Minze waschen und in kleine Stücke schneiden. Granatapfelkerne und ein paar Spritzer Granatapfelsirup hinzugeben, alles vermengen und servieren.

Thunfischsteak, mariniert

Thunfisch ist ein ganz besonders leckerer Happen. Er schmeckt so richtig saftig und schön intensiv, nach salzigem Meereswasser. Mit den richtigen Gewürzen wird das ureigene Aroma des Thunfisches noch so richtig heraus gekitzelt.

Zutaten für 2 Personen:

2 Thunfischsteaks a 150 g
1 TL grüne Pfefferkörner
1 TL Thymian
1 TL Kreuzkümmel
2 El Olivenöl
1 EL Limettensaft
Salz, Pfeffer zum Abschmecken

Zubereitung:
Die Gewürze gemeinsam in einem Mörser zerkleinern und mit dem Olivenöl und dem Limettensaft zu einer

Paste verrühren. Diese dann ausreichend auf den zwei Thunfischsteaks verteilen. Ab auf den Grill mit den Steaks und bei sehr starker Hitze pro Seite 3 Minuten grillen lassen. Dabei immer wieder mit der Marinade bestreichen.

Mini Ananas Pizzen

8 Portionen

Zutaten:

1 mittelgroße Ananas, geschält und entkernt
2 EL Rapsöl
8 Scheibe Bacon
½ dünn geschnittene rote Zwiebel
180 g Mozzarella-Käse, gerieben
120 ml Pizza-Tomaten-Sauce
5 in dünne Scheiben geschnittene schwarze Oliven
gehackter frischer Basilikum
½ zerkleinerte rote Chili

Zubereitung:

Erhitzen Sie eine Grillpfanne auf mittlerer Hitze.

Schneiden Sie die Ananas in 8 Scheiben. Mit 1 ½ EL Öl auf beide Seiten der Ananas bepinseln. Ananasstücke auf die Grillpfanne legen und 3 Minuten auf jeder Seite garen. Anschließend auf ein umrandetes Backblech legen.

Legen Sie die Speckscheiben auf die Grillpfanne und garen Sie sie 1 bis 2 Minuten von jeder Seite. Beiseite legen.

Erhitzen Sie 1 ½ TL Öl in einer separaten Antihaftpfanne über dem Grill. Fügen Sie Zwiebel hinzu und 3 bis 4 Minuten, häufig rührend dünsten.

Jeweils 1 Ananas mit 1 EL Käse belegen. Legen Sie 1 Scheibe Speck auf Käse. Jeweils 1 EL Pizzasauce und 1 EL Käse darüber geben. Mit Zwiebeln und schwarzen Oliven gleichmäßig bestreuen. Grillen Sie die Pizzen 2 bis 3 Minuten auf hoher Hitze, bis der Käse sprudelnd und geschmolzen ist. Basilikum und zerstoßene Chili gleichmäßig darüber streuen.

Herrlicher Lachs

Zutaten für 4 Portionen:
- 4 Scheiben Lachs, TK
- 1 Zucchini
- 1 Paprikaschote, rote
- 1 Zwiebel
- 1 Zehen Knoblauch
- 4 EL Sojasauce
- 4 TL Sesamöl
- 4 EL Blauschimmelkäse
- 4 TL Dill, frischer oder TK

Zubereitung:

Das Gemüse gründlich waschen und in Scheiben schneiden.
4 Stücke Alufolie abreißen, das Gemüse gleichmäßig aufteilen und auf die Folie legen. Den Fisch darauf legen, salzen und pfeffern. Die Alufolie zu Schiffchen formen, sodass nur oben ein Spalt offen bleibt. Mit Sojasauce und Sesamöl übergießen und den Käse über den Fisch verteilen. Den Dill überstreuen.
Auf den Grillrost legen und ca. 20 - 30 Minuten langsam per indirekte Hitze schmoren lassen. Dazu passt perfekt frisch gebackenes Weißbrot oder Zwiebelbrot.

Paprika-Dipp

Zubereitungszeit: 15 Minuten
Portionen: 4

Zutaten:

300 g Röstpaprika
1 gelbe Paprika
5 EL Tahin
2 EL schwarzer Sesam
Meersalz und Pfeffer
Zubereitung:
Den Sesam ohne Öl in einer Pfanne anrösten.
Nun alle Zutaten bis auf die gelbe Paprika in einem Mixer vermengen.
Jetzt die Paprika säubern, entkernen, fein würfeln und unterheben.

Mediterrane scharfe Sauce

Zutaten

6 getrocknete Tomaten
2 TL verschiedene Chilischoten, in Scheiben geschnitten
1/2 T Wasser (plus 2 EL des Wassers der getrockneten Tomaten)
4 EL frisch gepressten Limettensaft
4 TL Rotwein- oder Apfelessig
1/2 TL Meersalz
1 TL Rohrzucker
2 Knoblauchzehen (je nach Wunsch)
1 TL geräuchertes Paprikapulver (je nach Wunsch)
2 EL Olivenöl (je nach Wunsch)

Zubereitung

Getrocknete Tomaten für 15 Minuten in heißem Wasser einweichen, bis sie weich sind.
Die restlichen Zutaten zusammen mit dem Einweichwasser der Tomaten in einen Mixer geben und glattrühren.
Die Mischung in ein Glas geben und kühl stellen.

Hält sich gekühlt etwa eine Woche.

Lamm-Kebabs mit Joghurtsauce

Zutaten für 4 Portionen:
- 1 kg Keule/n vom Lamm, mager und fettfrei
- 3 EL Olivenöl
- 1 EL Balsamico oder Rotweinessig
- 1/2 Zitrone, davon der Saft
- 500 g Naturjoghurt
- 1 EL Oregano, getrocknet
- 3 Knoblauchzehen, zerdrückt
- 2 Lorbeerblätter, getrocknet
- 2 EL Petersilie, gehackt
- 1/2 Salatgurke, geschält und gewürfelt
- 5 EL Minze, frisch gehackt
- 1 TL Paprikapulver, mild
- 4 Tomaten
- 16 Blätter Basilikum
- 2 Zwiebel

- Salz

- Pfeffer
- 1 Fladenbrot

Zubereitung:

Das Fleisch in etwa 4-5 cm große Würfel schneiden. Für die Marinade: Olivenöl, Balsamico, Zitronensaft und 5 Esslöffel Joghurt verrühren, 2 Esslöffel zerdrückten Knoblauch, Oregano, die zerkleinerten Lorbeerblätter dazugeben und mit Salz und Pfeffer abschmecken.

Die Fleischwürfel in die Marinade geben und für mindestens zwei Stunden im Kühlschrank marinieren. Dabei gelegentlich wenden.

Für die Sauce den restlichen Joghurt mit dem Knoblauch, der klein gewürfelten Gurke sowie der Minze in einer Schüssel verrühren und mit Salz abschmecken. Anschließend das Paprikapulver unterziehen und abgedeckt ebenfalls kalt stellen.

Kurz vor Ende der Marinierzeit den Grill auf höchster Stufe vorheizen.

Zwiebel in Scheiben schneiden und kurz angrillen, so dass sie nicht braun wird.

Die Fleischwürfel aus der Marinade nehmen, abtropfen lassen und gleichmäßig auf die Spieße verteilen.

Die Lammspieße etwa 4 Minuten pro Seite grillen, dabei öfter mit Marinade nachstreichen.

Die Spieße nun mit Petersilie bestreuen und mit der Joghurtsauce, den angebratenen Zwiebeln, in Scheiben geschnittenen Tomaten (oder Cocktailtomaten), sowie einigen Basilikumblättern auf einem Teller anrichten.

Asia-Hähnchenflügel

Zubereitungszeit: 35 Minuten
Portionen: 4

Zutaten:

1 Limette
1 Knoblauchzehe
2 cm Ingwer
8 Hähnchenflügel
4 EL Sojasauce
2 EL Sesamöl
2 EL Chilisauce
1 EL Honig
Zubereitung:
Den Ingwer und den Knoblauch schälen und hacken, die Limette auspressen.
Anschließend alle Zutaten bis auf das Fleisch vermengen.
Das Fleisch waschen, abtupfen und für mindestens 1 Stunde marinieren.
Dann auf dem Grill garen.

Knoblauchmus mit Thymian

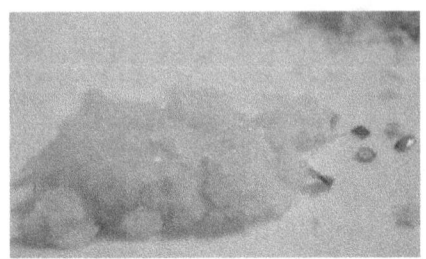

Zutaten

3 KnollenKnoblauch
6 ELOlivenöl
6 Stielefrischen Thymian
Salz und Pfeffer

Zubereitung

Die Knoblauchknollen (so wie sie ist – ungeschält) mit 2 EL Olivenöl beträufeln.
2 Stiele Thymian dazulegen und alles in Alufolie wickeln. Im vorgeheizten Ofen auf der mittleren Schiene bei 200 Grad (Gas 3, Umluft 180 Grad) 45-50 Minuten backen.
Die Knoblauchknollen herausnehmen und etwas abkühlen lassen. Dann die Zehen aus den Knollen lösen, und das Innere mit den Fingern herausdrücken.
Den Knoblauch mit einer Gabel zerdrücken.

Das restliche Olivenöl unterrühren und mit Salz und Pfeffer würzen. Vom zurückbehaltenen Thymian die Blättchen abzupfen, hacken und unter das Knoblauchmus mischen.

Kürbis vom Grill

Zutaten
1 Kürbis (ca. 1kg)
5 EL Sesamöl
Ursalz

Zubereitung

Halbieren Sie den Kürbis und entfernen Sie die Kerne.

Mit den Schnittflächen nach unten auf den Rost legen und 10-15 Minuten grillen.

Die Kürbishälften vom Grill nehmen und die Schnittflächen mit Sesamöl bestreichen.

Nun mit den nicht bestrichenen Seiten auf den Rost setzen und nochmals etwa 30 Minuten grillen.

Das Kürbisfleisch aus der Schale herauslöffeln und mit etwas Öl und Salz servieren.

Piratensteaks mit Rum

Zutaten:
4 dünne, magere Steaks vom Rind
250ml Orangensaft
8 TL Sojasoße
3 TL brauner Zucker
1 TL Pfeffer
½ TL Cayennepfeffer
3 Knoblauchzehen

150-200 ml braunen Rum bzw. Captain Morgan

Was braucht ein Pirat mehr als Rum? Richtig, ein gutes Steak. Am besten natürlich mit Rum. Unserer Bohnengerichte passen dazu am besten, etwas Brot tut es aber auch.

Zubereitung:
Die Steaks in einen Gefrierbeutel geben und diesen mit Orangensaft, Sojasoße, braunem Zucker, Pfeffer, Cayennepfeffer, den gepressten Knoblauchzehen und dem Rum befüllen. Alles gut vermischen und 2 bis 4 Stunden ziehen lassen.
Bei mittlerer Hitze von beiden Seiten garen.

Limetten-Pfeffer Entenbrust auf Pfirsichsalat
Ente ist schon etwas ganz Feines ... sie dann noch auf dem Grill mit süß saftigen Pfirsichen anzurichten ist eine einzig wäre Delikatesse. Das Fleisch ist zwar und saftig. Der Pfirsich süß und sanft. Das harmoniert perfekt und verwöhnt unseren Gaumen auf ganz besondere Art.

Zubereitung für 2 Personen:

2 Entenbrüste a 200 g
2 Limetten
6 g Pfeffer

3 g Koriander
10 g Salz
10 g brauner Rohrzucker

Für den Salat:
4 Zwiebeln
20 g Honig
2 Pfirsiche, frische
1 Limette
1/2 Bund Frühlingslauch
Salz, Pfeffer zum Abschmecken

Zubereitung:
Gut Ding braucht Weile … so auch unsere Entenbrüste. Diese werden am besten schon am Vortag vorbereitet, so dass sie über Nacht im Kühlschrank verweilen können. Dazu schneiden wir die Entenbrüste rautenförmig ein … und zwar auf der fettigen Seite. Dann mischen wir unsere restlichen Zutaten mit ausgiebig Limettensaft zu einer Marinade und reiben unsere Entenbrüste damit umfangreich ein.
Am nächsten Tag bereiten wir unsere Köstlichkeit weiter vor. Dazu schälen wir die Zwiebel, bestreichen sie mit Honig und wickeln sie in Backpapier. Weiter geht es mit dem Salat: Pfirsiche entkernen und in dünne Streifen schneiden. Das gleiche mit dem Frühlingslauch anstellen und beides mit dem Limettensaft vermischen.
Jetzt geht es endlich an den Grill! Übrigens … mit Räucherchips wird die Entenbrust noch leckerer. Also …

Zwiebeln aus dem Packpapier nehmen und für gute 35 Minuten auf dem Rost grillen. Die Entenbrust für 25 Minuten grillen lassen. Die Zwiebeln in Streifen schneiden, mit dem Salat anrichten, mit Salz und Pfeffer abschmecken und die Entenbrust als finale Krönung dazu geben. Lecker!

Gegrilltes Hähnchen Buscetta

4 Portionen

Zutaten:

3 mittelgroße reife Tomaten, gehackt
2 kleine Knoblauchzehen, gehackt
1 rote Zwiebel, gehackt
2 EL frische Basilikumblätter, gehackt
1 EL natives Olivenöl extra
1 EL Balsamico-Essig
Salz und frischer Pfeffer nach Geschmack
80 g Mozzarella, gewürfelt
8 Hühnerschnitzel, dünn geschnitten

Zubereitung:

Vermengen Sie Zwiebel, Olivenöl, Balsamico, 1/4 TL Salz und Pfeffer. Tomaten in eine große Schüssel geben und mit Knoblauch, Basilikum, Zwiebel-Balsamico-Combo und weiteren 1/8 TL Salz und Pfeffer abschmecken. Beiseite legen und mindestens 10 Minuten oder so lange wie möglich über Nacht stehen lassen. Den Käse zugeben, wenn er fertig durchgezogen ist. Hähnchen mit Salz und frischem Pfeffer würzen. Den Grill auf mittlerer Hitze vorheizen, die Roste reinigen und ölen, um ein Festkleben zu vermeiden.

Das Hähnchen 2 Minuten auf jeder Seite grillen, auf einer Platte anrichten und mit Buscetta belegen und servieren.

Fajita Spieße

8 Portionen

Zutaten:

450 g Lendensteak vom Rind, in große Würfel geschnitten
1 Bund Schalotten, in Drittel geschnitten
1 Packung kleine Mehltortillas, in große Stücke gerissen
4 große Paprika, in große Stücke geschnitten
8 Spieße, in Wasser für 20 Minuten eingeweicht
Natives Olivenöl extra, zum beträufeln
Salz und gemahlener schwarzer Pfeffer

Zubereitung:

Grill auf mittlere bis hohe Stufe vorheizen. Spieße abwechselnd bestücken mit Steak, Schalotten, Tortillas (gefaltet) und Paprika. Mit Olivenöl beträufeln und mit Salz und Pfeffer würzen. Grillen und gelegentlich umdrehen, bis das Steak Medium ist und das Gemüse zart und leicht verkohlt ist, ca. nach 7 Minuten.

Gefüllte Schweinesteaks

Zutaten für 4 Portionen:
- 4 Schweinenackensteaks, je 220-230 g schwer und etwa 3 cm dick
- 250 g junger Spinat
- 120 g Bergkäse, grob gerieben
- 100 g Zwiebeln, fein gehackt
- 1 EL Öl
- 3 Parma Schinken, gewürfelt
- 2 Strauchtomaten, entkernt, gewürfelt
- 2 Knoblauchzehen, fein gehackt
- etwas Salz, Pfeffer und Muskat

- Zutate für die Marinade:
- 2 EL Rapsöl
- 2 TL frischer Rosmarin, fein gehackt
- 1/2 TL schwarzer Pfeffer, gemahlen
- 1/2 TL Meersalz, grob

Zubereitung:

Für die Füllung der Steaks auf einem Herd oder Seitenkocher eine Pfanne aufheizen, Öl hineingeben und die Zwiebeln darin goldgelb anschwitzen. Die Tomaten und Knoblauch dazugeben und kurz mit anschwitzen. Zum Schluss den Spinat hinzufügen und etwa 3 Minuten bei mittlerer Hitze zusammenfallen lassen. Die Pfanne runter nehmen, kurz abkühlen lassen und den Käse und Schinken unterrühren, abschmecken mit Salz, Pfeffer und Muskat.

Für die köstliche Marinade die aufgelisteten Zutaten gut miteinander verrühren.

Für die Steaks, in die Seiten jeweils eine Tasche schneiden (nicht durchschneiden). Die Füllung schön in die Taschen verteilen und diese mit Zahnstochern verschließen. Die gefüllten Steaks mit der Marinade von alle Seiten gut einreiben und mit Frischhaltefolie abgedeckt bei Zimmertemperatur ruhen lassen.

Nun den Gasgrill vorheizen für direkte und indirekte Hitze (200°).

Die Steaks von beiden Seiten ca. 3 Minuten direkt an grillen und danach indirekt platzieren bis sie eine Kerntemperatur von 74°(Thermometer in das Fleisch stecken, aufgepasst, nicht in die Füllung) erreicht hat. Locker abgedeckt etwa 5 Minuten ruhen lassen (dabei geht die Kerntemperatur noch etwas höher) vor dem servieren.

Lass es dir gut schmecken.

Kartoffel-Speck-Spieße

Zubereitungszeit: 25 Minuten
Portionen: 4

Zutaten:

6 Kartoffeln
150 g Speck
Meersalz und Pfeffer
Spieße
Zubereitung:
Die Kartoffeln säubern und in mundgerechte Stücke schneiden, den Speck säubern und in mundgerechte Stücke schneiden.
Nun beides auf die Spieße geben, mit Gewürzen verfeinern und auf dem Grill garen.

Japanischer gegrillter Lachs mit Teriyaki - Soße

Zutaten

4Lachssteaks (je ca. 250g)

Für die Sauce:
2 TLZucker
2 ELSake (jap. Reiswein), alternativ Weißwein oder milder Sherry
2 ELReiswein, Mirin (jap. süßer Reiswein zum Kochen - gibt´s im Asia-Shop)
4 ELSojasauce
1 Pck.Kresse
15 cmweißer geriebener Rettich
Öl, zum Braten
Roggenmehl
Maismehl
Zubereitung

Die Lachskoteletts abtupfen und wenn möglich Haut und Mittelgräte entfernen. (Vorsicht! Koteletts dürfen dabei nicht auseinanderfallen!)
Für die Teriyaki-Soße alle Zutaten, bis einschließlich Sojasauce, miteinander verrühren, bis sich der Zucker aufgelöst hat.

Bei der Zubereitung auf dem Elektro-Grill:

Den Fisch in der Soße ca. 15 Minuten marinieren. Dabei häufig wenden.
Nun die Kresse waschen, abtropfen und den Rettich reiben.

Bei der Zubereitung auf dem Holzkohle-Grill:

Den Fisch etwas abtropfen und auf den Rost legen. Jede Seite ca. 3 min grillen, dabei ab und zu mit der Marinade bepinseln.

Gurken – Salsa

Zutaten
1 dicke Salatgurke
2 kleine gewürfelte Zwiebeln
5 EL Olivenöl, zum andünsten
4 EL Aprikosenkonfitüre
1 kleine Zitrone, den Saft davon
Salz und Pfeffer, aus der Mühle
Chili, getrocknet, aus der Mühle

Zubereitung

Die Zwiebelwürfel in Olivenöl glasig anschwitzen.

Nun die Aprikosenkonfitüre und den Zitronensaft hinzugeben. Mit Salz, Pfeffer und Chili reichlich würzen und abkühlen lassen.

In der Zwischenzeit die Gurke schälen und in kleine Würfel schneiden. Dann den Zwiebel-Mix einrühren und alles ca. 1 Stunde im Kühlschrank ziehen lassen.

Karamellisierte Pfirsiche

FÜR 4 PERSONEN
ZUBEREITUNGSZEIT: 10 MIN.
GRILLZEIT: 8 BIS 10 MIN.

150 g Brie, in acht etwa 0,5 cm dicke Scheiben geschnitten
4 reife Pfirsiche, halbiert, entkernt
50 g dunkler Vollrohrzucker
2 EL Butter, zerlassen
2 EL gehackte Mandeln, geröstet
2 EL Walnusöl

1. Den Gasgrill für direkte mittlere Hitze (180–230 °C) erhitzen.

2. Den Zucker mit der flüssigen Butter in einer kleinen Schüssel vermischen.

3. Die Pfirsichhälften dünn mit Öl bestreichen. Die Pfirsichhälften mit den Schnittflächen nach unten über direkter mittlerer Hitze bei geschlossenem Deckel 5–6 Min. grillen, bis sie gut gebräunt sind und etwas weich werden. Pfirsiche wenden, mit einem Löffel die Butter-Zucker-Mischung auf den Pfirsich-hälften verteilen und die Pfirsiche 3–4 Min. weitergrillen, bis sie weich sind.

4. Pfirsiche vom Gasgrill nehmen. Je 2 Pfirsichhälften mit der Schnittfläche nach oben in einer Dessertschale anrichten und jeweils mit 1 Scheibe Käse belegen. Etwa 5 Min. ruhen lassen, damit der Käse zerschmilzt. Mit den gerösteten Mandeln bestreuen und servieren.

Walnuss-Bananen-Eisbecher

FÜR 4 PERSONEN
ZUBEREITUNGSZEIT: 15 MIN.
GRILLZEIT: 5 BIS 7 MIN.

Vanilleeis (8 Kugeln)
2 Bananen, geschält, quer in 1–1,5 cm dicke Scheiben geschnitten
40 g Walnüsse, fein gehackt
30 g Zartbitterschokolade, fein geraspelt
8 EL dunkler Vollrohrzucker
4 EL frisch gepresster Orangensaft
4 EL Sahne

1. Zwei 30 cm lange Stücke extrastarke Alufolie bereitlegen. Die Scheiben von 1 Banane jeweils in die Mitte eines Folienstücks geben, je 4 EL Zucker darüberstreuen und mit je 2 EL Sahne sowie 2 EL Orangensaft beträufeln. Die Alufolie an den seitlichen Rändern über die Bananen schlagen und die Enden fest zusammenfalten, damit nichts auslaufen kann.

2. Den Gasgrill für direkte mittlere Hitze (180–230 °C) erhitzen.

3. Die Folienpäckchen mit den zusammengefalteten Enden nach oben über direkter mittlerer Hitze bei

geschlossenem Deckel 5–7 Min. grillen, bis der Zucker geschmolzen ist und die Flüssigkeit in den Päckchen köchelt (zur Garprobe ein Päckchen vorsichtig öffnen). Die Päckchen vom Gasgrill nehmen und etwa 5 Min. abkühlen lassen.

4. Je 2 Kugeln Eiscreme in vier Dessertschalen setzen. Die Folienpäckchen mit einer Schere aufschneiden und die heißen Bananen samt Flüssigkeit auf dem Eis anrichten. Mit Schokolade und Nüssen bestreuen und sofort servieren.

Ananas mit Erdbeersahne

FÜR 4 PERSONEN
ZUBEREITUNGSZEIT: 20 MIN.
GRILLZEIT: 4 BIS 6 MIN.

1 frische Ananas, geschält, das Fruchtfleisch in 1–1,5 cm dicke ganze
Scheiben geschnitten
5 EL Kokosraspeln
5 EL gehackte Macadamianüsse
120 g Sahne, gekühlt
2 EL Erdbbeerkonfitüre

1. In einer mittelgroßen Schüssel die Sahne mit dem Handrührgerät
etwa 2 Min. schlagen. Konfitüre hinzufügen und 2–3 Min.
weiterschlagen, bis die Sahne weiche Spitzen bildet. Kaltstellen.

2. Die Kokoraspeln in einer kleinen Pfanne auf kleiner Stufe etwa 3 Min. rösten. In eine kleine Schüssel umfüllen. In derselben Pfanne die Nüsse in etwa 3 Min. goldbraun rösten, dabei mehrfaach wenden. Nüsse mit den Kokosraspeln in der Schüssel vermischen.

3. Den Gasgrill für direkte mittlere Hitze (180–230 °C) erhitzen.

4. Die Ananasscheiben über direkter mittlerer Hitze bei geöffnetem
Deckel 4 bis 6 Min. grillen, bis sie das typische Grillmuster angenommen haben, dabei einmal wenden. Vom Rost nehmen und in mundgerechte Stücke schneiden.

5. Ananasstücke in Dessertschalen anrichten, jeweils etwas Himbeersahne daraufgeben und mit Kokosraspeln und Nüssen bestreut servieren.

Schokosandwiche

FÜR 4 BIS 8 PERSONEN
ZUBEREITUNGSZEIT: 5 MIN.
GRILLZEIT: 4 BIS 5 MIN.

8 große Scheiben (16 x 10 cm) rustikales Weißbrot, je etwa 1 cm dick
200 g Zartbitterschokolade, in kleine Stücke gehackt
100 g Butter, zerlassen
30 g Mandeln, fein gehackt
8 TL Orangenmarmelade
2 EL Puderzucker

1. Den Gasgrill für direkte mittlere Hitze (180–230 °C) erhitzen.

2. Vier Brotscheiben auf einer Arbeitsfläche auslegen und mit je 2 TL Marmelade bestreichen. Die Scheiben mit je einem Viertel Schokoladenstückchen belegen, mandelstücke gleichmäßig verteilen und mit den restlichen Brotscheiben bedecken. Die Sandwiche auf beiden Seiten mit der Butter bestreichen.

3. Die Sandwiche über direkter mittlerer bis niedriger Hitze bei geschlossenem Deckel 4–5 Min. grillen, dabei einmal wenden, bis sie auf beiden Seiten goldbraun und knusprig sind und die Schokolade geschmolzen ist.

Sandwiche vom Gasgrill nehmen und etwa 1 Min. ruhen lassen. Mit einem Messer quer in drei Stücke schneiden, mit Puderzucker bestäuben und warm servieren.

Eis mit gegrillten Aprikosen

FÜR 6 PERSONEN
ZUBEREITUNGSZEIT: 15 MIN.
GRILLZEIT: 7 BIS 9 MIN.

250 ml plus 2 EL Karamellsauce (Fertigprodukt)
Vanilleeis (12 Kugeln)
6 reife, aber feste Aprikosen, längs halbiert, entkernt
2 EL Butter, zerlassen
6 EL grob zerkrümeltes Butterkekse
4 EL Mandelblätter, geröstet, gehackt

1. Die Karamellsauce in einer mittelgroßen Schüssel verrühren und beiseitestellen. In einer zweiten mittelgroßen Schüssel die Aprikosen mit der geschmolzenen Butter vermischen.

2. Den Gasgrill für direkte mittlere Hitze (180–230 °C) erhitzen.

3. Die Aprikosen mit der Schnittfläche nach unten über direkter mittlerer Hitze bei geschlossenem Deckel 7–9 Min. grillen, bis sie das typische Grillmuster angenommen haben, dabei einmal wenden.

4. In sechs Dessertschalen je 2 Kugeln Vanilleeis mit 2 gegrillte Aprikosenhälften mit der Schnittfläche nach oben in einer Dessertschale anrichten, mit 2–3 EL

Karamellsauce beträufeln und 2 EL Kekskrümel darüberstreuen. Mit Mandelblättern garnieren und servieren.

www.ingramcontent.com/pod-product-compliance
Lightning Source LLC
Chambersburg PA
CBHW071829080526
44589CB00012B/955